Galáxia
HA(bilidades) SO(ciais)

FBTC
Federação Brasileira de Terapias Cognitivas

artmed

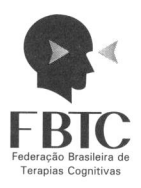

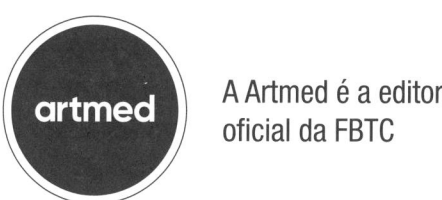

A Artmed é a editora oficial da FBTC

Vicente E. Caballo é professor de Psicopatologia da Faculdade de Psicologia da Universidad de Granada, Espanha. Fundador e diretor da revista *Psicología Conductual*, é presidente da Asociación Psicológica Iberoamericana de Clínica y Salud (APICSA).

Gloria B. Carrillo, Doutora em Psicologia pela Universidad de Granada, Mestra em Pesquisa e Avanços em Psicologia da Saúde, Avaliação e Tratamento Psicológico, e especialista em terapia cognitivo-comportamental, trabalha com avaliação e tratamento de crianças e adolescentes, e orienta e aconselha famílias no Centro de Psicologia Clínica FUNVECA.

C113g   Caballo, Vicente E.
            Galáxia (Ha)bilidades (So)ciais : programa de prevenção ao bullying / Vicente E. Caballo, Gloria B. Carrillo ; tradução : Luciane Alves Schein ; revisão técnica : Bruno Luiz Avelino Cardoso. – Porto Alegre : Artmed, 2024.
            viii, 200 p. : il. ; 23 cm. + 216 cartas

            ISBN 978-65-5882-207-3

            1. Psicoterapia. 2. Assédio. 3. Terapia cognitivo-comportamental. I. Carrillo, Gloria B. II. Título.

            CDU 159.942:37-064.3

Catalogação na publicação: Karin Lorien Menoncin – CRB 10/2147

Vicente E. Caballo
Gloria B. Carrillo

Galáxia
HA(bilidades) SO(ciais)
Programa de Prevenção ao Bullying

Tradução
Luciane Alves Schein

Revisão técnica
Bruno Luiz Avelino Cardoso
Psicólogo. Professor adjunto do Departamento de Psicologia da Universidade Federal de Minas Gerais (UFMG). Formação em Terapia do Esquema pela Wainer Psicologia Cognitiva NYC Institute for Schema Therapy. Treinamento em ensino e supervisão de Terapia Cognitivo-comportamental no Beck Institute for Cognitive Behavior Therapy. Especialista em Terapia Cognitivo-comportamental pelo Instituto WP/FACCAT. Mestre em Psicologia pela Universidade Federal do Maranhão (UFMA). Doutor em Psicologia pela Universidade Federal de São Carlos (UFSCar).

Porto Alegre
2024

Obra originalmente publicada sob o título *Galaxia HA(bilidades) SO(ciales)*
ISBN: 9788432320583

Copyright © 2023, Siglo Veintiuno España de Editores, S.A.

Gerente editorial
Letícia Bispo de Lima

Colaboraram nesta edição:

Coordenadora editorial
Cláudia Bittencourt

Arte sobre capa original
Kaéle Finalizando Ideias

Preparação de original
Heloísa Stefan

Editoração
Ledur Serviços Editoriais Ltda.

Reservados todos os direitos de publicação, em língua portuguesa, ao
GA EDUCAÇÃO LTDA.
(Artmed é um selo editorial do GA EDUCAÇÃO LTDA.)
Rua Ernesto Alves, 150 – Bairro Floresta
90220-190 – Porto Alegre – RS
Fone: (51) 3027-7000

SAC 0800 703 3444 www.grupoa.com.br

É proibida a duplicação ou reprodução deste volume, no todo ou em parte, sob quaisquer formas ou por quaisquer meios (eletrônico, mecânico, gravação, fotocópia, distribuição na Web e outros), sem permissão expressa da Editora.

IMPRESSO NO BRASIL
PRINTED IN BRAZIL

SUMÁRIO

Apresentação 1

PRIMEIRA PARTE
O PANORAMA ATUAL DO *BULLYING*

I. PREVENINDO O *BULLYING* NA ESCOLA,
   UM DESAFIO PARA A EDUCAÇÃO NO SÉCULO 21 5

   Introdução, 5 – Definição de *bullying*, 8 – Modalidades de *bullying*, 9 – Papéis do *bullying*, 12 – Epidemiologia, idade de início e curso, 15 – Consequências do *bullying*, 20 – Etiologia, 23 – Avaliação do *bullying*, 31, Prevenção e intervenção do *bullying*, 35

SEGUNDA PARTE
O PROGRAMA "VAMOS COMPARTILHAR"
PARA A PREVENÇÃO DO *BULLYING*

II. APRESENTAÇÃO DO PROGRAMA "VAMOS COMPARTILHAR"... 41

   Introdução, 41 – Estrutura do programa "Vamos compartilhar", 43 – Sequência de aplicação e temporalidade, 44 – Público-alvo, 45 – Objetivos, 45 – Descrição do programa "Vamos compartilhar", 46 – Metodologia, 47 – As sessões do programa, 48

III. SESSÃO 1. CONHECER ESTILOS DE COMPORTAMENTO
SOCIAL 49

Introdução ao programa, 49 – Habilidades sociais: estilos de comportamento, 50 – Assertividade diante do *bullying*, 56 – Vantagens do estilo de comportamento assertivo, 57 – Exemplos de estilos de comportamento, 58 – Atividades práticas, 59

IV. SESSÃO 2. FAZER E RECEBER ELOGIOS 63

O que são elogios?, 63 – Vantagens de fazer e receber (aceitar) elogios, 66 – Como fazer elogios, 67 – Como receber elogios, 68 – Os elogios e o *bullying*, 68 – Exemplos de fazer e receber elogios, 70 – Atividades práticas, 71

V. SESSÃO 3. EXPRESSAR SENTIMENTOS
POSITIVOS E NEGATIVOS 73

O que é expressar sentimentos?, 73 – Vantagens de compartilhar sentimentos, 76 – Como expressar sentimentos, 77 – Como receber sentimentos, 78 – A expressão de sentimentos e o *bullying*, 79 – Exemplos de como expressar sentimentos e saber responder a eles, 81 – Atividades práticas, 83

VI. SESSÃO 4. MANEJAR CONVERSAS 85

O que é conversar?, 85 – Vantagens de saber conversar, 88 – Como iniciar, manter e encerrar conversas, 89 – A habilidade de conversar e o *bullying*, 90 – Exemplos de como iniciar, manter e encerrar conversas, 92 – Atividades práticas, 94

VII. SESSÃO 5. FAZER E RECUSAR PEDIDOS 97

O que é fazer pedidos e recusá-los?, 97 – Vantagens de fazer pedidos e recusá-los, 100 – Como fazer pedidos e como recusá-los, 101 – Fazer e recusar pedidos e o *bullying*, 103 – Exemplos de como fazer e recusar pedidos, 105 – Atividade prática, 107

VIII. SESSÃO 6. EXPRESSAR E LIDAR COM CRÍTICAS 111

O que é expressar e lidar com críticas?, 111 – Vantagens de expressar e lidar com críticas, 115 – Como expressar críticas e como lidar com elas, 116 – As críticas e o *bullying*, 120 – Exemplos de como expressar críticas e como lidar com elas, 123 – Atividade prática, 125

IX. SESSÃO 7. RESOLVER PROBLEMAS INTERPESSOAIS 129

O que é resolver um problema interpessoal?, 129 – Vantagens de saber resolver problemas, 132 – Como resolver problemas interpessoais, 133 – A resolução de problemas e o *bullying*, 135 – Exemplos de como resolver problemas interpessoais, 138 – Atividade prática, 140

TERCEIRA PARTE
O JOGO *GALÁXIA HASO*

X. REGRAS DO JOGO 145

Referências 155

ANEXOS

1. Questionário multimodal de interação escolar (CMIE-IV) (Caballo, Calderero, Arias, Salazar e Irurtia, 2012) 161
2. Pedro e o estojo de Isabela 165
3. Como fazer e receber elogios 167
4. Como expressar e receber sentimentos 169
5. Lista ampliada de sentimentos 171
6. Como iniciar, manter e encerrar conversas 173
7. Como fazer e recusar pedidos 175
8. História: Sofia e seu "não" 177
9. Como expressar críticas e como lidar com elas 181

10. Aprendendo a lidar com críticas 183
11. Como resolver problemas interpessoais 185
12. Aprendendo a resolver problemas 187
13. Tabuleiro 189
14. Diplomas dos participantes.. 191
15. Registro de participação 193
16. Dado de 8 lados.. 195

Anotações 197

APRESENTAÇÃO

O objetivo deste livro é prevenir o *bullying* na escola. Este é um fenômeno muito comum nos dias de hoje e, embora não se saiba ao certo se ocorre agora mais do que no passado, a verdade é que tem uma visibilidade muito maior em nível social e, por vezes, suas consequências parecem ser mais extremas. Atualmente, dispomos de mais informação e mais estudos sobre o assunto, e existem inúmeros programas destinados a reduzir esse problema social. Acreditamos, no entanto, que melhorar as relações entre os alunos pode prevenir a ocorrência de *bullying* nas escolas, promovendo uma comunicação mais saudável e evitando comportamentos abusivos tanto físicos quanto psicológicos entre os pares.

Este livro fornece aos professores as informações e ferramentas necessárias para desenvolver, em sala de aula, o programa "Vamos compartilhar", focado na aprendizagem de habilidades de comunicação ou habilidades sociais. Não se destina especificamente a eliminar situações de *bullying* que já existem, mas a evitar que ocorram. E acreditamos que uma comunicação saudável entre os alunos cumpre esse objetivo.

O livro tem três partes claramente diferenciadas. Na primeira parte, são apresentadas informações relevantes sobre o *bullying*, para que o educador adquira informações básicas a respeito desse fenômeno. Na segunda, é apresentado o programa "Vamos compartilhar", composto por sete sessões que abordam diferentes dimensões das habilidades sociais, em geral, e da assertividade, em particular. O objetivo aqui é que os alunos adquiram informações e coloquem em prática toda uma série de habilidades sociais que os ajudarão a melhorar suas relações interpessoais. E, por fim, a terceira parte inclui o segundo bloco do programa e foca no jogo *Galáxia HASO* – com ele, por meio de um formato lúdico, as habilidades sociais aprendidas anteriormente são fortalecidas e praticadas. É a última parte do programa de prevenção e culmina no aprendizado de formas saudáveis de se comunicar em um ambiente divertido e descontraído.

Também consta ao final do livro o "Questionário multimodal de interação escolar" (CMIE-IV), desenvolvido por nossa equipe de pesquisa (Caballo et al., 2012) e que pode ser aplicado nas turmas para descobrir o nível de *bullying* que pode existir nelas.

Por fim, agradecemos a colaboração, técnica e econômica, da FUNVECA para o Avanço da Psicologia Clínica Comportamental (*www.funveca.org/*) no desenvolvimento deste projeto.

PRIMEIRA PARTE

O PANORAMA ATUAL DO *BULLYING*

I. PREVENINDO O *BULLYING* NA ESCOLA, UM DESAFIO PARA A EDUCAÇÃO NO SÉCULO 21

INTRODUÇÃO

Em 1999, dois estudantes da Columbine High School, nos Estados Unidos, assassinaram 12 alunos e um professor, além de terem ferido 24 pessoas antes de cometerem suicídio, massacre escolar que se tornou um dos mais chocantes. Há evidências sugerindo que os dois atiradores planejaram e executaram o ataque como resultado de anos sofrendo *bullying*; um ano depois, funcionários do Serviço Secreto dos Estados Unidos analisaram 37 tiroteios premeditados semelhantes em escolas e descobriram que o *bullying* "desempenhou um papel significativo em mais de dois terços dos ataques". Isso também ocorreu em uma escola do Texas, em um massacre perpetrado em 2022 pelo jovem Salvador Ramos, com um desfecho de 21 mortes, chamando a atenção o intenso *bullying* que ele sofreu em sua infância devido a problemas com a fala. Esses eventos tiveram um impacto significativo não apenas nos Estados Unidos, mas em nível mundial. Porém, não é preciso uma repercussão tão grande do *bullying* para perceber que há muitas pessoas que sofrem todos os dias esse tipo de assédio que torna suas vidas um inferno. É comum encontrar notícias sobre esse fenômeno na mídia, tais como "denúncia de *bullying* e agressão contra um menor em uma escola religiosa em Córdoba". E informa-se mais: que o menino de 13 anos chegou a escrever duas cartas sobre um possível suicídio, que a família leva a questão à Vara de Infância, que investiga os fatos, e que o centro onde ocorre o assédio acredita tratar-se de "um evento pontual" e "uma brincadeira de criança". A prova de que o *bullying* não é "coisa de criança" são as sequelas que deixa nas vítimas. Muitas delas sofrem com os efeitos na adolescência e podem traumatizar-se por toda a vida. As sequelas mais comuns são depressão, ansiedade e fobia social. Muitas vítimas de *bullying* têm dificuldades permanentes em estabelecer relações sociais devido ao medo de seus pares. Inúmeros estudos têm considerado o *bullying*, principalmente, como uma manifestação das dificuldades e problemas de relacionamento interpessoal entre alunos, enfim, como uma falha na aprendizagem da competência social. Diz-se que 90% dos conflitos de *bullying* geralmente ocorrem devido à falta de comunicação entre as pessoas. Por outro lado, é muito comum que as escolas tentem esconder qualquer tipo de *bullying* para que não se tenha uma imagem negativa delas. Para começar, todas as escolas dão a mesma resposta: "Aqui não há *bullying*". Tanto os professores como os pais reconhecem que as escolas e os docentes não estão preparados para lidar com o *bullying*, seja porque não recebem formação suficiente, seja porque não têm informação ou experiência sobre o *bullying*. De fato, 89% consideram que a luta contra o *bullying* deveria ser um objetivo prioritário de todas as escolas e que inclusive deveria haver uma figura específica nas escolas para combatê-lo.

Há anos, muitas notícias trágicas sobre *bullying* nas escolas são publicadas pela mídia. Uma das muitas foi a seguinte: "Elizabeth tem 13 anos e sofreu *bullying* na escola". Aos 11 anos, foi espancada, insultada e roubada pelos colegas. Ela denunciou, mas as pessoas de seu convívio não acreditaram nela. "Quando mostrei ao meu pai os dois grupos de WhatsApp que meus colegas tinham criado para rir de mim, ele me levou a sério", lembra. Os pais dos autores do *bullying* fizeram vista grossa para o fato e negaram que seus filhos fossem agressores. Por fim, a menina trocou de escola. E, para terminar com as constantes notícias sobre jovens sofrendo *bullying*, cita-se a de uma adolescente de 15 anos que se suicidou em maio de 2021 por causa do *bullying* que estava sofrendo na escola. A instituição, como de costume, nega que a aluna sofresse *bullying* e, claro, nunca ativou nenhum protocolo para acabar com a intimidação dos colegas. Os professores também não fizeram nada.

Em 2018, noticiou-se que metade das crianças espanholas diz ter sofrido violência física ou psicológica na escola. Já em 2020, sinalizou-se que, para muitas vítimas, o confinamento devido à pandemia de covid-19 foi – ou deveria ter sido – um alívio das agressões que sofriam nas escolas. A maioria dos pais acredita que as crianças que sofreram *bullying* se saíram bem durante o *lockdown*, embora uma alta porcentagem reconheça que a situação também favoreceu novas formas de *bullying*. De acordo com os dados, os pais dizem que o *bullying* passou para a internet, redes sociais ou celulares e que, além disso, o retorno às aulas tem sido muito mais difícil, pois as crianças se tornaram mais vulneráveis. Em outras palavras, o *lockdown* apenas fomentou uma forma de *bullying* que já vinha ganhando força nos últimos anos: os celulares e, portanto, as redes sociais. É, de fato, o segundo lugar (depois das escolas) em que essas agressões acontecem. Os pais estão cientes disso, e 9 em cada 10 pais com filhos vítimas de *bullying* dizem que, desde que as crianças têm um celular, o problema é maior ou tem aumentado. As redes sociais e a internet se tornaram novos meios de *bullying* e, além disso, agravaram o problema, já que a vítima continua sofrendo *bullying* fora do ambiente escolar. O *cyberbullying* é um problema cada vez mais sério porque o *bullying* na escola é agravado por outro ainda pior que se estende 24 horas por dia, 7 dias por semana, via WhatsApp, X (o antigo Twitter), Facebook, Instagram, Snapchat, TikTok e outros. Esse tipo de tortura diária tem custado a saúde de milhares de jovens e crianças na América Latina e na Espanha.

O *bullying* não é algo novo, sempre existiu. Talvez não possamos dizer que o *bullying* está aumentando. Mas a sociedade parece não perceber isso até que a tragédia tenha um rosto. O suicídio de adolescentes levou a mídia a começar a falar sobre o assunto. Chegou-se a dizer que o *bullying* é a epidemia do século 21.

DEFINIÇÃO DE *BULLYING*

Embora o fenômeno do *bullying* ou abuso entre pares não seja algo novo, poderíamos dizer que foi na Suécia que começou a ser sistematicamente estudado, no início dos anos de 1970, sob o termo *mobbing* (Olweus, 1978). Esse nome originou-se do trabalho do etólogo Konrad Lorenz (1968) em que o *mobbing* se referia ao ataque que um grupo de animais fazia a outros da mesma espécie ou de espécies diferentes quando os percebiam como uma ameaça natural ao grupo. Por sua vez, o médico sueco Heinemann comparou essa ação ao que acontecia quando um grupo de estudantes era cruel com outro. Essa comparação abriu um debate sobre a adequação do termo para descrever o fenômeno do *bullying*, que acabou sendo resolvido com o apoio global à proposta de Dan Olweus. Esse autor substituiu o termo *mobbing* por *bullying*, propondo a definição mais utilizada atualmente (Olweus, 1993), que considera *bullying* como um comportamento agressivo que tenta machucar, causar dano ou desconforto a outro indivíduo, com a particularidade de que a agressão se repete ao longo do tempo e a relação entre os envolvidos é assimétrica. Ou seja, a vítima está sempre em condições inferiores, tendo grande dificuldade em se defender de comportamentos agressivos (em muitos casos seria uma situação de "impossibilidade de defesa"). Olweus (2007) mais tarde completou a definição, especificando que um aluno sofria *bullying* quando outro aluno (ou um grupo de alunos) zombava dele, insultava-o ou lhe colocava apelidos pejorativos; quando o ignorava completamente, excluía-o do grupo ou das atividades; quando batia nele, golpeava-o ou o trancava em algum lugar; quando dizia mentiras ou espalhava boatos sobre ele; quando enviava mensagens ameaçadoras ou tentava colocar toda a turma contra ele; e quando recebia outras ações similares a essas. Farrington e Ttofi (2011), por sua vez, apontaram que a definição de *bullying* incluiria vários aspectos fundamentais, como ataques físicos, verbais, psicológicos ou intimidação, com o objetivo de causar medo, desconforto ou dano à vítima; um desequilíbrio de poder (psicológico ou físico), com uma ou mais crianças com maior poder oprimindo os mais fracos; e a manutenção dos incidentes entre as mesmas crianças por um período prolongado. E argumentam que não é *bullying* quando duas pessoas com a mesma força (física, psicológica ou verbal) se vitimizam.

A definição de Olweus também inclui o ataque de um indivíduo a outro e perde certa conotação de "selvageria" espontânea e imprevisível. Em síntese, há um consenso de que na situação social do *bullying* na escola deve haver: 1) intencionalidade, 2) desigualdade de poder ou relação assimétrica entre os envolvidos e 3) temporalidade (repetição e manutenção ao longo do tempo). Esse *bullying* pode acontecer na escola, no caminho para a escola ou no caminho para casa, e as partes envolvidas devem pertencer à mesma escola. Consequentemente, o diagnóstico de *bullying* é estabelecido pela referência a comportamentos abusivos que a criança diz sofrer, poucas ou muitas vezes, por seus pares, e não pela mera atribuição subjetiva da criança ao grupo de alunos que se consideram vítimas de *bullying*. Levando em conta essas características, situações como discussões esporádicas, brigas no pátio da escola, abuso sexual ou ataques com armas não seriam consideradas *bullying*.

MODALIDADES DE *BULLYING*

Ao contrário do consenso mais ou menos generalizado sobre a conceitualização de assédio, o mesmo não acontece com as possíveis modalidades de *bullying*. Diferentes autores estabelecem suas próprias classificações de abuso entre pares e parecem não chegar a um consenso sobre o assunto. De fato, vários critérios têm sido utilizados para classificar esses comportamentos: 1) de acordo com a gravidade, 2) de acordo com o grau de visibilidade da pessoa que comete o ato, 3) de acordo com a natureza da ação ou os componentes predominantes das diferentes ações e 4) de acordo com a pessoa a quem ela se destina. No entanto, boa parte dos autores opta por classificações de acordo com a *forma* que o *bullying* assume. Assim, quatro formas de *bullying* podem ser distinguidas: 1) *física*, quando ocorrem comportamentos agressivos diretos dirigidos contra o corpo da vítima (empurrar, bater, sacudir, etc.); 2) *verbal*, quando são expressos comportamentos verbais negativos (apelidar, insultar, falar mal da vítima, caluniá-la...); 3) *social*, quando se praticam atos para isolar o indivíduo do grupo (impedir de participar de alguma atividade, marginalizar, ignorar, etc.); e 4) *psicológica*, quando as ações deterioram a autoestima da vítima, geram insegurança e medo (riem da vítima, a desvalorizam, a humilham, a insultam, a perseguem, criam sentimento de impotência, causam-lhe medo...). Entretanto, deve-se sempre ter em mente que todas as formas de *bullying* têm um componente psicológico (Calderero, 2014).

Outra possível classificação surge quando se indica que o *bullying* é realizado *direta* ou *indiretamente* (referindo-se ao grau de visibilidade de quem comete o ato). O primeiro caso incluiria todas aquelas condutas em que a vítima é confrontada face a face com o agressor e recebe ataques, abusos ou agressões verbais e físicas. É o que se conhece como "*bullying* explícito ou direto". A segunda forma de *bullying* englobaria atos mais sutis, em que o agressor intimida, assedia ou abusa por meio de terceiros ou de uma forma que os demais não conseguem identificar (espalhando boatos, fazendo ameaças anônimas, falsas acusações...). Essa forma de abuso entre pares é conhecida como "*bullying* encoberto ou indireto". Esse tipo menos visível de *bullying* (deixando de lado as formas físicas de *bullying*) diferencia-se entre o que tem sido chamado de "*bullying* relacional" e "*bullying* social". No "*bullying* relacional", o agressor não se esconde ao exercer intimidação e inclui aqueles atos que resultam no isolamento do indivíduo de um grupo ou o vitimizam por meio de manipulação intencional e danos às relações interpessoais (ignoram, não autorizam a participar, humilham, desvalorizam, negam amizade, excluem do grupo, etc.). Por outro lado, o "*bullying* social" pode ocorrer por meio de um terceiro ou com intimidação face a face, sem que o agressor se esconda, e inclui a manipulação da relação, sendo particularmente prejudicial para a autoestima e o *status* social da vítima no grupo (espalhar boatos, excluir socialmente a vítima, usar expressões não verbais, como gestos e caras feias, ou envolver outras pessoas na zombaria). Ambos os tipos de *bullying* podem ser diretos e indiretos, mas muito ainda se debate hoje sobre se o *bullying* social e o relacional devem ser considerados sinônimos ou se são entidades distintas.

Caso o critério fosse estabelecido com base nas características do sujeito ou grupo para o qual as ações de vitimização são direcionadas, encontraríamos quatro opções: 1) *bullying* racista, 2) *bullying* sexista, 3) *bullying* homofóbico e 4) *bullying* de crianças com necessidades educativas especiais. Alguns autores também se referem a esse tipo de *bullying* como *bullying* focal (Avilés, Irurtia, García-López, & Caballo, 2011).

Por outro lado, os locais onde ocorrem as situações de *bullying* também foram estudados. Tais locais parecem variar de acordo com o nível educacional. Na escola primária, o recreio é o espaço onde mais ocorrem ações de *bullying* entre pares, seguido pela sala de aula (Defensor del Pueblo, 1999; 2007). No ensino médio, as agressões podem ser sofridas nos corredores e na entrada e saída da escola, bem como no recreio e na sala de aula.

Uma forma de *bullying* entre pares não incluída nas anteriores e que surgiu nos últimos anos com a implementação da internet e das redes sociais é o "*cyberbullying*" ou "*cyber* vitimização". É um ato agressivo e intencional (em geral, ameaças e insultos), realizado repetida e constantemente ao longo do tempo utilizando ferramentas de comunicação eletrônica ou tecnologias interativas (*e-mail*, *chats*, vídeos publicados na internet, redes sociais, *blogs*, mensagens instantâneas via celular, etc.) por um indivíduo ou um grupo contra uma vítima que não pode ou não sabe como se defender adequadamente. O *cyberbullying* pode assumir várias formas. Uma via é a "direta", que consiste em a criança ou adolescente agressor enviar mensagens diretas para aquele que escolheu como sua vítima, enquanto a outra forma é "indireta" ou "por procuração", a qual envolve usar outras pessoas para intimidar a vítima, com ou sem o conhecimento desses cúmplices. Sete tipos de *cyberbullying* foram descritos: 1) ligações irritantes para o celular; 2) mensagens com insultos ou desqualificações para o celular; 3) gravações ou fotos indesejadas (esse tipo também inclui "agressões filmadas" [*happy slapping*]), ou seja, agressão física ou assédio que é gravado com câmeras de celular e postado na internet ou enviado para os celulares dos colegas; 4) *e-mails* irritantes; 5) mensagens indesejadas em *chats* na internet; 6) mensagens indesejadas em redes sociais ou locais com mensagens instantâneas; e 7) falsificação de identidade, criação de *sites* ou envio de informações para outras páginas da pessoa que é vítima de *bullying* (Calderero, 2014). De qualquer forma, na situação de *bullying*, os menores devem estar envolvidos de ambos os lados (agressor e vítima), pois se o agressor fosse um adulto, seria uma forma de assédio de menores na internet, geralmente com intenção sexual (implícita ou explícita), conhecida como "cyberpedofilia" (aliciamento ou *grooming*).

O rápido desenvolvimento do *cyberbullying* nos últimos anos abriu o debate sobre se ele deve ser considerado apenas mais uma forma de *bullying* ou se tem sua própria entidade. Por um lado, pode-se considerar que o *cyberbullying* tem características diferentes do *bullying* tradicional, como a imprevisibilidade sobre quando, onde e por quais meios eletrônicos ocorrerá, gerando maior sensação de insegurança e maior generalização das reações emocionais associadas nas vítimas. Por outro lado, argumenta-se que, embora a internet e qualquer tecnologia digital possam funcionar como um ambiente de risco por si só, o *cyberbullying* seria uma extensão do assédio sofrido na escola.

PAPÉIS DO *BULLYING*

Inicialmente, o foco era a relação entre o agressor e a vítima. Mais tarde, foi apontada a existência de um perfil misto: a vítima agressora (vítima e agressor ao mesmo tempo). Essas "vítimas provocadoras", como às vezes são chamadas, são caracterizadas por serem vítimas de agressores e exibirem comportamento de *bullying*. Além disso, mais quatro perfis foram descritos, além dos papéis de vítima e agressor: 1) seguidor do agressor, 2) testemunha (também chamada observador ou espectador) que apoia o agressor, 3) testemunha que ajuda a vítima e 4) testemunha que não se envolve. É importante ressaltar a importância de testemunhas ou espectadores nas dinâmicas de grupo que dão origem a situações de *bullying* e que revelam a existência de perfis mais mistos (além da vítima agressora), dependendo de o sujeito ser espectador da ação ou estar diretamente envolvido.

Atualmente, a importância dos alunos que são testemunhas no desenvolvimento do fenômeno não é questionada. Dependendo da resposta do público, o *bullying* será moderado ou facilitado, pois são os espectadores que podem ajudar, ouvir e confortar as vítimas e, em muitos casos, consertar a situação. No entanto, eles também podem optar por legitimar o agressor, expressando abertamente seu apoio em situações de vitimização ou simplesmente não intervindo.

O processo de *bullying*

O processo de *bullying* seria composto por quatro fases. A primeira abrangeria o período durante o qual o grupo é formado. As hierarquias dos grupos ainda não estão claras porque os alunos estão se conhecendo. É por isso que, em um primeiro momento, o agressor geralmente se recusa a se comportar de forma agressiva, embora, posteriormente, ele em geral emita algumas ações intimidatórias indiscriminadas para vários colegas. A partir desse momento, estaríamos na segunda fase do processo. As ações são focadas em determinados alunos, e o desencadeamento dessas ações pode variar significativamente (características individuais, um incidente crítico...), mas o objetivo é o mesmo, ou seja, obter informações a partir da resposta emitida pelo sujeito que está sendo vitimizado e saber o grau de superioridade do agressor em relação à possível vítima. A partir dessa segunda fase, considera-se que os sujeitos já estão sofrendo *bullying*, mas ainda não há estigmatização ou consolidação do papel de vítima. Ambos os aspectos são o resultado da terceira fase. Nesse período, o agressor, com suas ações, ganha poder e *status* dentro da classe, e a vítima é deslocada para uma posição de inferioridade diante do agressor e do restante dos colegas. Além disso, o agressor, com essa atuação agressiva, transmite indiretamente aos espectadores seu poder. A falta de ação dos alunos não envolvidos reforça o comportamento do agressor e consolida o papel da vítima, que se vê agredida e sem apoio. Como consequência, o agressor desvaloriza os aspectos negativos de suas ações e, ao contrário, avalia cada vez mais positivamente o comportamento agressivo, uma vez que, graças a ele, obteve um *status* mais elevado e recebe menos respostas agressivas e negativas de seus pares, aumentando sua autoestima. A cada ação intimidatória, somam-se alunos espectadores, que preferem estar ao lado do agressor em vez da vítima por medo de serem agredidos.

TABELA 1. Fases do processo de *bullying* (Postigo et al., 2013)

Da posição da vítima	Da posição do agressor	Descrição das fases do processo de *bullying*
Fase prévia	Fase de rejeição	• Não há rejeição aberta às vítimas • Incidentes críticos • Início dos conflitos
Fase de latência	Fase de início	• O agressor escolhe a vítima • Começam as agressões • O agressor avalia as desigualdades de poder • A vítima responde de maneira submissa
Fase de estigmatização	Fase de perpetuação	• Estabelecimento de uma relação de domínio/submissão • Consolidação dos papéis de vítima e agressor • Danos psicológicos
Fase de consequências	Fase de retirada ou cessar	• Consequências graves e óbvias: adultos intervêm • A vítima troca de escola • Cessar das agressões

A quarta fase começa quando a rejeição por parte do agressor e do grupo é muito alta. Mesmo quem não se junta ao agressor não costuma agir em favor da vítima, por medo de ser tachado de delator. Tudo isso faz com que o grupo justifique o que está acontecendo. Pensar que nada pode ser feito para mudar a situação ou, pior, que a vítima merece, facilita a manutenção da injustiça, reduz o sentimento de culpa do grupo, diminui a probabilidade de os espectadores agirem para impedir a intimidação e aumenta a culpa da vítima. A cronicidade da vitimização é evidente, assim como as graves consequências que isso causa no sujeito agredido (Calderero, 2014). Essa fase termina com a intervenção de adultos ou quando a vítima troca de escola. Muito raramente o processo termina com o cessar da agressão por parte do agressor.

EPIDEMIOLOGIA, IDADE DE INÍCIO E CURSO

Epidemiologia

O *bullying* é um fenômeno generalizado na maioria dos países, embora os dados de prevalência não sejam homogêneos. Um relatório recente da Unesco (2021) afirma que uma em cada três crianças em todo o mundo é vítima de *bullying*. Por região, a porcentagem de estudantes vítimas de *bullying* é de 31,7% na América do Norte, 22,8% na América Central, 30,2% na América do Sul, 25% na Europa, 42,7% no Norte da África, 48,2% na África Subsaariana e 30,3% na Ásia.

Se nos concentrarmos especificamente na Iberoamérica, a prevalência variaria de modo significativo entre os países. Revisões recentes de Garaigordobil et al. (2019) e Herrera-López et al. (2018) encontraram grandes diferenças entre estudos, não apenas entre países, mas também dentro de um mesmo país. Além disso, diferentes estudos variam nos instrumentos de avaliação utilizados, na idade das crianças ou adolescentes envolvidos ou mesmo na limitação temporal da coleta de dados. O que fica claro é que o *bullying* é um fenômeno importante nos países ibero-americanos em geral, ao qual se deve dar maior atenção a fim de enfrentá-lo e, principalmente, preveni-lo. Como mencionam Garaigordobil et al. (2019), "programas de intervenção psicológica em contextos educacionais [...] devem promover a melhoria do clima social da sala de aula e potencializar o desenvolvimento do comportamento pró-social, das competências sociais, da comunicação, da resolução pacífica de conflitos, da capacidade de empatia, da gestão da raiva, do respeito às diferenças [...]" (p. 16).

Hoje, não está claro se o fenômeno do *bullying* está aumentando, diminuindo ou se permanece estável. Às vezes, as escolas o escondem por causa do estigma que seus diretores acreditam que a presença de *bullying* em suas salas de aula, se conhecida, poderia lhes trazer. O que parece claro é que o *cyberbullying* aumentou significativamente nos últimos anos. Embora várias intervenções para reduzir o *bullying* estejam em andamento há algum tempo, as mudanças costumam ser modestas e não sustentadas ao longo do tempo, de modo que a vitimização de colegas continua sendo um problema sério nas escolas em todo o mundo.

TABELA 2. Prevalência, em porcentagem, de *bullying* na Iberoamérica (com base principalmente em Garaigordobil et al., 2019 e Herrera-López et al., 2018)

País	Bullying			Cyberbullying		
	Vítimas (%)	Agressores (%)	Vítimas agressoras (%)	Vítimas (%)	Agressores (%)	Vítimas agressoras (%)
Argentina	7-21,1	6-16,6	4	14,6-44,1	8	–
Bolívia	10-50	4-30	–	11-16	12	–
Brasil	5,5-56,9	4,3-42,3	2,7-43,6	8,4-58	–	–
Chile	8,9-25	9,7-14,2	11,5	11,4-52	11,4-52	–
Colômbia	4,8-40,9	4,5-45,6	8,7-36,3	5-27,5	2,5-26,7	2,68-5,5
Equador	9,1-10,6	–	–	55	32	–
México	10,5-68,2	6,2-75,5	10,8-44	3,5-40	2,8-23,86	1,3-7,69
Nicarágua	12,4-25,3	6-10,9	11,7-18,7	–	–	–
Panamá	15	6,6	18,2	–	–	–
Peru	8,5-11,95	–	–	11,9-12,9	5,4	–
Porto Rico	4,6-15,2	–	–	–	–	–
Venezuela	53-80	–	–	17,5	–	–

Nota: A oscilação dos percentuais em cada país reflete, por um lado, o estudo que encontrou a menor prevalência e, por outro, o que encontrou a maior prevalência. Se houver apenas um número, geralmente se refere à existência de um único estudo.

Na Espanha, as pesquisas sobre o tema em questão têm aumentado significativamente como resultado do debate social que surgiu com o caso do adolescente Jokin, que cometeu suicídio devido ao *bullying* em 2004. Desde então, tem havido um crescente interesse no fenômeno e a conscientização da sociedade acerca das graves consequências do *bullying* acerca das crianças. Na Espanha, a agressividade escolar é um fenômeno que tem aumentado progressivamente nos últimos tempos. Assim, os primeiros estudos, na década de 1990, situavam o nível de incidência em torno de 17%, enquanto estudos mais recentes, com alunos do ensino fundamental e médio, revelam um aumento do *bullying* para níveis próximos a 25% ou, às vezes, superiores.

Prevalência de bullying *de acordo com o sexo*

Inicialmente, pensava-se que os meninos manifestavam mais comportamentos agressivos do que as meninas, ou seja, os meninos pareciam ser os que mais agrediam. No entanto, à medida que mais pesquisas foram produzidas, esse axioma foi desafiado a partir do estudo das diferentes modalidades de *bullying*. Os dados sugerem que as meninas se envolvem em comportamentos agressivos relacionais/sociais/indiretos significativamente mais do que os meninos. Olweus (2005), utilizando uma amostra muito grande, constatou que os meninos eram mais agressivos do que as meninas e que praticavam todos os tipos de *bullying* (físico, verbal e relacional/social). As meninas tiveram escores mais baixos do que os meninos no escore geral, ou seja, levando em conta todas as formas de *bullying*. Assim como os meninos, as meninas também praticavam todas as formas de *bullying*, embora tivessem maior inclinação ao tipo relacional.

Estudos com pré-escolares confirmam, em grande parte, esses resultados. Em crianças pequenas, não há diferenças significativas entre meninos e meninas na frequência do uso de agressões verbais diretas e relacionais diretas. Contudo, as meninas são mais frequentemente indicadas como defensoras ou espectadoras. A Unesco (2021) relata que, em nível global, meninas e meninos são igualmente propensos a sofrer *bullying*. Seus dados mostram que a prevalência global de *bullying* é de 28,2 a 30,4% entre meninas e 30,1 a 34,8% entre meninos, embora haja diferenças regionais consideráveis. Os meninos são muito mais propensos a sofrer *bullying* do que as meninas no Oriente Médio, no Norte da África e no Pacífico. Na Europa e na América do Norte, a diferença é significativa em 23 países: os meninos relatam uma prevalência menor de *bullying* do que as meninas em 18 países, e as meninas uma prevalência menor do que os meninos em 5 países. No geral, os meninos (21,5%) são mais propensos a sofrer *bullying* físico do que as meninas (10,1%), mas as meninas são levemente mais propensas a sofrer *bullying* psicológico.

Já no caso do *cyberbullying*, os dados são inconclusivos. Parecem depender muito do acesso que os jovens têm às novas tecnologias em cada país. No entanto, algumas estimativas parecem indicar que os meninos praticam mais *cyberbullying* do que as meninas. A Unesco (2021) relata que as meninas são mais propensas do que os meninos a serem submetidas ao *cyberbullying* por meio de mensagens, mas há menos diferenças entre meninos e meninas na prevalência do *cyberbullying* por meio de imagens. Na Europa e na América do Norte, as diferenças entre meninos e meninas na prevalência do *cyberbullying* por mensagens de texto foram significativas em 27 dos 42 países: a prevalência foi mais alta entre meninas em 24 países e entre meninos em 3. As diferenças entre meninos e meninas na prevalência de *bullying* por meio de fotografias foram significativas em 26 dos 42 países: a prevalência foi mais alta entre meninos em 14 países e entre meninas em 12.

Por fim, há também diferenças nos espectadores em relação ao sexo. As meninas são mais empáticas com as vítimas e geralmente mais solidárias, enquanto os meninos acreditam com maior frequência que os meninos vítimas de *bullying* merecem o que está acontecendo com eles.

Prevalência de bullying *por idade*

Embora já exista vitimização injustificada na pré-escola, o *bullying* está significativamente mais presente em crianças de 10 a 14 anos, e menos após esse período. A pré-adolescência é uma fase crítica, a mudança do ensino fundamental para o médio pode levar a novos papéis no grupo e a um *status* diferente, o que pode motivar comportamentos mais agressivos entre os pares. De acordo com a Unesco (2021), globalmente, a proporção de estudantes que relatam ter sofrido *bullying* diminui com o aumento da idade: de 33% para jovens de 13 anos para 32,3% para jovens de 14 anos e 30,4% para jovens de 15 anos. As tendências são as mesmas na Europa e na América do Norte, onde os jovens de 15 anos são menos propensos a sofrer *bullying* (23,7%) do que os de 13 anos (29,6%) e os de 11 anos (32,6%). No que diz respeito especificamente ao assédio moral, existem algumas diferenças nos dados de prevalência. Uma metanálise global descobriu que, em todo o mundo, entre 70 e 80% de todas as crianças de 8 a 11 anos haviam sofrido violência psicológica de um colega de classe no ano anterior à pesquisa, mas essa proporção caiu para 50% entre estudantes de 12 a 17 anos (Devries et al., 2018).

No caso do *cyberbullying*, os resultados não são claros. Não há consenso sobre os dados obtidos em relação aos agressores e à idade. Todavia, a Unesco (2021) relata que os alunos mais velhos podem estar mais expostos ao *cyberbullying* do que os mais jovens. Em relação ao *cyberbullying* por mensagens de texto, as estimativas de prevalência variaram pouco entre estudantes de 11 e 15 anos, mas dos 22 países com diferenças significativas entre grupos etários, os jovens de 11 anos representaram a maior prevalência em apenas 3 países. Em relação ao *cyberbullying* por imagens, a menor prevalência é observada na faixa etária mais jovem.

Quanto aos espectadores, com a idade parecem tornar-se insensíveis aos atos intimidatórios, diminuindo a opinião negativa sobre comportamentos agressivos para com seus pares, ou seja, sua atitude torna-se mais passiva.

Prevalência das modalidades ou tipos de bullying

Estudos como os do *Defensor del Pueblo* (1999; 2007) dão conta da prevalência global dos comportamentos ou formas de *bullying* que os alunos comunicam com maior frequência. Em primeiro lugar está o *bullying* verbal (36,9%), seguido do *bullying* relacional ou social (12,8%), agressão ao patrimônio (11,1%) e ameaças (9,7%). A prevalência de agressão física é muito inferior em comparação com comportamentos anteriores (4,8%) e nos últimos lugares estão assédio sexual (2%), chantagem (0,8%) e ameaças com armas (0,6%). Em 2006, o *Defensor del Menor de la Comunidad de Madrid* relatou que os agressores praticavam, da maior para a menor frequência, *bullying* verbal (10,7%), seguido de *bullying* relacional/social (9%) e agressões físicas e patrimoniais (1,3%). Em nível internacional, os dados são semelhantes.

Idade de início e curso

A maior parte das pesquisas têm se concentrado em crianças do ensino fundamental e médio (entre 9 e 16 anos), embora em idade precoce também existam situações de vitimização entre os pares. Os padrões de relacionamento são semelhantes aos encontrados em crianças mais velhas. Assim, as crianças em idade pré-escolar têm os mesmos três papéis principais do fenômeno (agressor, vítima e testemunha), mas estes são instáveis. No período em que esses papéis se consolidam, entre 10 e 14 anos, é quando ocorrem mais situações de *bullying,* com pico aos 13 anos (Avilés, 2006). Após essa idade, o número de vítimas diminui, embora não de forma muito acentuada. A análise das diferentes formas de *bullying* forneceu novos dados que mostram que, com a idade, não há tantas agressões físicas ou comportamentos intimidatórios diretos, mas, por outro lado, aumentam os atos de vitimização mais sutis, como a ridicularização e a exclusão social. Esses resultados são congruentes com as maneiras refinadas e indiretas pelas quais os adultos se envolvem em situações de intimidação entre pares, como o assédio laboral (*mobbing*).

CONSEQUÊNCIAS DO *BULLYING*

O impacto que o *bullying* tem nos níveis psicológico, acadêmico e de saúde dos jovens envolvidos pode ser realmente importante. Para Piñuel e Oñate (2005), os danos físicos representam apenas 10% e os psicológicos

90%, razão pela qual enfatizam que o dano psicológico não é um critério diagnóstico, mas um complemento essencial ao diagnóstico. Também tem sido sugerido que a vitimização, ou seja, ser assediado ou agredido por um colega, tem um impacto negativo significativo na adaptação psicossocial das vítimas. As dificuldades mais relevantes costumam ser depressão, isolamento, ansiedade social e perda de autoestima. Crianças vítimas de *bullying* se veem como menos competentes e menos aceitas pelos outros. A Unesco (2021) indica que as crianças que sofrem *bullying* têm quase duas vezes mais probabilidade de se sentirem solitárias, ser incapazes de dormir à noite e apresentar ideação suicida em comparação com aquelas que não o sofrem. As vítimas de *cyberbullying* também parecem apresentar sintomas semelhantes aos sujeitos vítimas de *bullying* no ambiente escolar, destacando-se problemas de adaptação, isolamento, sintomas de estresse, ansiedade e depressão. Por outro lado, os agressores que praticam diversos tipos de *bullying* também podem sofrer com alguns problemas psicológicos, como depressão, hiperatividade, impulsividade e consumo de álcool.

Além dos sintomas emocionais, os sintomas físicos também podem ocorrer em vítimas de *bullying*, sendo os mais frequentes cansaço geral, dores musculares, dores de cabeça, dores de estômago, dores nas costas, tonturas e alterações do sono.

Na Espanha, o relatório de Piñuel e Oñate (2005) coincide com estudos realizados em outros países e estabelece uma relação de causa e efeito entre o aparecimento de determinadas condições clínicas e a intensidade do assédio recebido. Especificamente, observam-se os seguintes percentuais de vítimas com sequelas psicológicas do *bullying*: *flashbacks* (ou seja, imagens indesejadas de traumas que vêm à mente constantemente) em 40%, autoimagem negativa em 37%, depressão em 36%, ansiedade em 36%, baixa autoestima em 36%, transtorno de estresse pós-traumático em 35%, distimia em 30%, introversão social em 25% e somatização em 14%. Um ano depois, realizaram uma nova pesquisa, que corroborou os dados anteriores. Os sujeitos vítimas de *bullying* apresentaram autoestima diminuída em 57,2% dos casos, somatização em 55%, depressão em 54,8%, sintomas de estresse pós-traumático em 53,7%, *flashbacks* em

29,9%, autoimagem negativa em 53%, ansiedade em 43% e autodepreciação em 38%.

As consequências do *bullying* também afetam o desempenho acadêmico dos alunos vitimizados e ocasionam menor gosto pela escola. Essas crianças também são menos propensas a gostar do tempo de recreio, então sugere-se que ele poderia ser um bom indicador de apreciação escolar, pois poderia preceder opiniões negativas generalizadas sobre a escola. A Unesco (2021) relata que as crianças que sofrem *bullying* com frequência têm quase três vezes mais chances de relatar se sentirem marginalizadas na escola do que aquelas que não sofrem *bullying* com frequência, bem como que, quanto mais frequentemente um aluno sofre *bullying*, piores são suas notas.

Por outro lado, as vítimas agressoras apresentam maior desadaptação emocional e social e maiores problemas de comportamento, quando comparadas aos demais papéis. Os problemas externalizados também são mais acentuados, até mais do que nos agressores, com pontuação significativamente mais alta em hiperatividade, problemas comportamentais, problemas de relacionamento com os colegas e significativamente menor em comportamentos pró-sociais.

Swearer, Siebecker, Johnsen-Frerichs e Wang (2010) realizaram uma análise detalhada com mais de 1.000 estudantes entre 11 e 15 anos sobre o grau de impacto que as situações de *bullying* tiveram em cinco dos perfis (agressor, vítima agressora, vítima de *bullying*, testemunha e sujeito não envolvido). Os resultados confirmaram que as situações de *bullying* também afetam outros papéis, além das vítimas. Especificamente, agressores, vítimas de *bullying* e vítimas agressoras apresentaram altos escores em depressão, muito mais altos do que testemunhas e sujeitos não envolvidos, com as vítimas (passivas e ativas) apresentando os maiores sintomas. Verificou-se também que o comportamento de *bullying* está positivamente relacionado a maior consumo de álcool, afeto negativo, comportamentos mais agressivos e menos comportamentos assertivos.

Em relação à ansiedade, os dados indicam que sujeitos vítimas de *bullying* e as vítimas agressoras apresentam níveis mais elevados de ansiedade do que agressores, testemunhas e sujeitos não envolvidos. No entanto, os agressores, embora não manifestem valores tão elevados quanto as vítimas de *bullying* ou as vítimas agressoras, também apresentam ansiedade. Agressores e vítimas agressoras são os que apresentam os maiores escores em agressão física e verbal, dados significativamente superiores aos dos demais papéis. O aumento da agressividade em agressores tem sido associado até mesmo ao risco de cometer atos criminosos em longo prazo. Olweus (1993) constatou que 65% das pessoas identificadas como agressores durante a infância tinham sido condenadas por crimes até os 24 anos de idade. Por outro lado, os sujeitos vítimas de *bullying* apresentaram mais raiva, hostilidade e comportamentos agressivos indiretos do que as testemunhas e os sujeitos não envolvidos. Parece também que esses sentimentos de raiva e hostilidade são resultado da internalização da frustração gerada pelas situações de *bullying* e do uso da agressividade indireta em resposta à vitimização recebida (como ignorar ou falar mal da pessoa que os irrita) (Calderero, 2014).

Estudos retrospectivos também encontram efeitos que vão além do período em que a vitimização ocorre. Tais efeitos podem persistir na maioria dos casos até a idade adulta. Por exemplo, crianças que sofreram *bullying* durante seus anos na escola podem ter dificuldade em estabelecer relacionamentos próximos e íntimos na vida adulta. Olweus (1993) também constatou que adolescentes que sofreram *bullying* entre 13 e 16 anos eram mais propensos a sofrer de depressão e ter baixa autoestima aos 23 anos. Especificamente, as vítimas de *bullying* tinham, nessa idade, mais isolamento social, maior ansiedade social, mais timidez, menor tolerância à frustração e maior neuroticismo do que as não vítimas. Olweus sugeriu ainda que a diminuição da vitimização e dos efeitos negativos em longo prazo poderia dever-se à liberdade de escolher novos ambientes sociais após o ensino médio.

ETIOLOGIA

Apesar dos avanços produzidos no campo do estudo do *bullying*, os fatores etiológicos e as relações entre as variáveis individuais e ambientais que o produzem não são conhecidos atualmente.

Os modelos unicausais, embora nos ajudem a compreender o fenômeno, são insuficientes porque não levam em conta as interações específicas entre as diferentes variáveis na explicação da origem, do desenvolvimento e da manutenção do *bullying*. Com esse pressuposto em mente, e com o objetivo de compreender a multicausalidade do fenômeno, descreveremos brevemente os diferentes fatores biológicos, pessoais, educacionais, familiares e sociais que têm sido estudados para responder a respeito do porquê do *bullying*.

Fatores culturais e sociais

Embora nem todos os fatores culturais possam ser considerados diretamente envolvidos, é útil conhecer as características da sociedade em que se insere o problema que nos preocupa. Por exemplo, seria difícil explicar muitos dos eventos violentos nas escolas estadunidenses sem ter em mente a cultura das armas. Da mesma forma, o tempo gasto assistindo à televisão, navegando na internet e jogando *videogames* com alto conteúdo violento constitui um fator social, em nível internacional, que aumenta o comportamento agressivo em menores, ou seja, aumenta o risco de serem sujeitos perpetradores de *bullying*.

Por outro lado, o machismo, o racismo e a homofobia são fatores sociais que também têm se mostrado relacionados aos comportamentos de *bullying*. Crenças que refletem intolerância, sexismo e justificação da violência estão associadas ao envolvimento mais frequente em atos violentos e atitudes distantes em relação às minorias étnicas. Esse estereótipo é reforçado por colegas que menosprezam a demonstração de sensibilidade e sentimentos sinceros em relação às meninas e, no entanto, recompensam formas mais agressivas de se relacionar com o sexo oposto. O problema se agrava quando um percentual não desprezível de adolescentes expressa maior atração pelos meninos mais agressivos e chega a classificá-los como populares. Tudo isso leva a uma alta associação entre agressores e a realização de ações de *bullying* sexista, como, por exemplo, comentários ou piadas de cunho sexual, gestos e olhares com mensagens sexuais ou comentários grosseiros sobre partes do corpo. Além disso, estereótipos de masculinidade e feminilidade também afetam escolares que pertencem à população LGBTQIA+. Suas ações, em muitos casos, são identificadas como comportamentos atípicos, e isso aumenta consideravelmente o risco de vitimização em ambos os sexos (Calderero, 2014).

Em relação ao racismo, verificou-se que crianças imigrantes ou de grupos étnicos minoritários correm maior risco de serem vitimizadas. Variáveis como a proficiência na língua do país e as diferenças culturais entre a maioria e os grupos minoritários claramente desempenham um papel. Entretanto, verificou-se também que esses grupos se envolvem em comportamentos intimidatórios contra vítimas de outros grupos étnicos, bem como contra sua própria minoria étnica.

Fatores familiares

Analisamos de que forma fatores familiares podem contribuir para o *bullying*. Parece que muitos agressores têm pais que empregam estratégias punitivas ou autoritárias, como castigo físico ou respostas emocionais violentas contra as crianças, mas são permissivos quando as crianças usam a violência. Além disso, as vítimas agressoras tendem a ter relações mais indiferentes com seus pais, os quais não se envolvem nem se dedicam à educação dos filhos. Falta de afeto e disciplina inconsistente são características encontradas nos pais desses sujeitos, assim como menor controle e má organização. Do mesmo modo, a coesão entre os pais, como casal, afeta os jovens. Por exemplo, a existência de conflitos contínuos entre os pais influencia o comportamento agressivo de seus filhos. No entanto, os estilos parentais também podem ajudar a reduzir os comportamentos agressivos das crianças. Especificamente, uma relação próxima e afetuosa com as mães pode reduzir comportamentos agressivos em longo prazo. Se as crianças estão mais próximas dos pais, esse contato pode gerar uma visão mais positiva sobre eles e facilitar o cumprimento das regras, pois as interpretam como justas. Pelo contrário, no caso das vítimas costuma haver uma relação com o estilo superprotetor das mães. Mais especificamente, enquanto os meninos vitimizados têm, em maior medida, mães superprotetoras, no caso das meninas, aquelas que sofrem *bullying* de seus pares dizem ter piores relações com suas mães. Por que essas diferenças? Parece que os meninos com mães protetoras têm mais dificuldade para desenvolver sua autonomia e manter seu *status* nas relações com os pares, enquanto as meninas que não têm um bom relacionamento com suas mães apresentam, em maior medida, problemas mais internalizados, como depressão ou ansiedade, o que pode aumentar o risco de vitimização. Por outro lado, os maus-tratos por parte dos pais (negligência, abuso físico ou abuso sexual) são um fator que influencia o aumento da vitimização e dos comportamentos agressivos, bem como a educação competitiva, egoísta e individualista, a prática de um sistema de controle de comportamento rígido, frouxo ou inconsistente ou a falta de valorização de comportamentos positivos e de ajuda aos outros (Avilés, 2006).

Fatores escolares

A escola também tem sido amplamente estudada com o objetivo de conhecer todas as variáveis que podem estar influenciando o *bullying*. Ortega e Mora-Merchán (2000) destacam as seguintes áreas: 1) o currículo acadêmico; 2) professores (sua qualidade de ensino e apoio aos alunos); 3) os valores da escola; 4) a política escolar e as sanções aplicadas em caso de irregularidades; e 5) o espaço físico e os recursos da escola.

No que diz respeito à política escolar e aos valores que ela transmite, os dados indicam que o conhecimento dos alunos sobre regras e sanções parece reduzir comportamentos agressivos. É muito importante, a esse respeito, que os alunos, juntamente com todos os professores, sejam envolvidos no desenvolvimento das regras escolares. Por outro lado, um sistema disciplinar frouxo, inconsistente ou extremamente rígido e moralista pode facilitar situações de *bullying*. Além disso, a escola pode, por meio de seus valores, aumentar a competitividade ou a cooperação entre os alunos. A cooperação cria um clima mais positivo que, por sua vez, reduz o comportamento agressivo entre as crianças em idade escolar. Já a transmissão de estereótipos sexistas e a falta de atenção à diversidade também podem ser fatores de risco para o agressor (Calderero, 2014).

A falta de envolvimento por parte dos professores na cessação de situações de *bullying* ou a falta de apoio à vítima têm uma influência negativa na erradicação dos comportamentos de *bullying*. Serrano e Iborra (2005) explicam que a comunicação precária entre alunos e professores e a ausência de uma figura de autoridade podem reforçar a "lei do silêncio", sendo fatores de risco para o aumento da vitimização. Ao mesmo tempo, Olweus (1993) também conclui que a falta de vigilância dos espaços de lazer aumenta o comportamento de *bullying*. Os locais em que há menos vigilância são os espaços onde ocorrem mais situações de vitimização entre pares. Nesse sentido, as crianças relatam sentirem-se mais inseguras e com medo de possível *bullying* durante o recreio e nos períodos entre as aulas.

Por sua vez, professores que motivam seus alunos, que têm habilidades de ensino e que mantêm um estilo cooperativo em sala de aula atuam como um fator de proteção. É importante que os professores acreditem em seus alunos, ou seja, que tenham expectativas positivas em relação aos estudantes. Se os professores mostrarem sua ajuda e apoio aos alunos, esse clima positivo e seguro é transferido para os estudantes e seus relacionamentos, diminuindo as situações agressivas em sala de aula.

Por último, não há resultados conclusivos sobre as características da escola. No entanto, os recursos disponíveis para os centros educativos, independentemente de serem privados ou públicos, ou de terem maior ou menor número de alunos por turma, não parecem ter influência, seja entre escolas de diferentes bairros, ou entre cidades grandes ou vilas.

Fatores grupais

Os pares são um fator importante na origem, no desenvolvimento e na manutenção do *bullying*. As influências grupais, o *status* dentro do grupo, a rede de apoio social de cada uma das partes envolvidas (amizades) e as dinâmicas grupais que são ativadas quando ocorrem situações de intimidação são aspectos que devem ser destacados.

A influência do grupo, que nessas idades é muito poderosa, pode ser negativa, incentivando a perpetração de ações intimidatórias, mas nem sempre é assim. Ter bons amigos reduz o risco de sofrer *bullying*. As amizades positivas são importantes no desenvolvimento individual e social das crianças, pois, por meio da amizade, habilidades sociais são adquiridas e praticadas, o crescimento emocional e cognitivo é alcançado, se conhece melhor aos demais e bons relacionamentos são facilitados na vida adulta.

Popularidade e amizade, embora sejam fenômenos que se influenciam, têm sido vistos como aspectos independentes. É comum encontrar crianças impopulares que têm um grupo de amigos, embora seja verdade que menos popularidade e menos aceitação aumentam o risco de sofrer *bullying*. Além disso, o isolamento também aumenta o risco de transtornos, o que faz crescer a rejeição pelo grupo. O risco de vitimização é maior em crianças que são menos queridas pela maioria dos pares. Essa ideia generalizada de antipatia parece facilitar a justificação do comportamento de rejeição e sua cronificação.

Fatores individuais

Dentre os fatores pessoais específicos de cada indivíduo, constatamos que características externas observáveis podem ser um gatilho para comportamentos de vitimização. Por exemplo, características físicas e diferenciadoras, como ser de outra etnia, ser homossexual, ter necessidades educacionais especiais ou, inversamente, ser um aluno brilhante, podem aumentar o risco de vitimização. Outras características, como ser obeso, são objeto de controvérsia.

Algumas características psicológicas também aumentam o risco de intimidação, como ter baixa autoestima, habilidades sociais deficitárias para se relacionar com os colegas, alta ansiedade e sofrer de um transtorno psicológico, especialmente transtorno depressivo, transtorno da conduta, transtorno de déficit de atenção/hiperatividade ou transtorno de oposição desafiante, condições que ocorrem com mais frequência em vítimas agressoras. De todos os fatores citados, depressão e ansiedade têm sido os fatores psicológicos mais contrastados, ou seja, crianças com depressão ou ansiedade têm maior risco de serem vitimizadas. A timidez e os comportamentos inibidos também parecem ser fatores de risco para vitimização. Crianças tímidas ou inibidas frequentemente relatam sentir medo e nervosismo ao interagir com seus colegas. Além disso, essas crianças muitas vezes também têm falta de habilidades sociais, incluindo pouca assertividade. Nesse sentido, verificou-se que ter um alto nível de ansiedade social aumenta o risco de *bullying*, especialmente o *bullying* relacional (Calderero, Salazar, & Caballo, 2011). Na mesma linha, Saarento, Kärnä, Hodges e Salmivalli (2013) indicaram que a ansiedade social e a rejeição pelos pares, juntamente com a interação de ambos os aspectos, predizem o *bullying* em nível individual.

O grau de inteligência emocional dos sujeitos envolvidos no *bullying* também pode desempenhar um papel. Tanto as vítimas quanto as vítimas agressoras apresentam maiores níveis de atenção e menor clareza emocional quando comparadas aos sujeitos não envolvidos. Esse aspecto poderia estar relacionado ao uso de estratégias de enfrentamento desadaptativas, o que, por sua vez, dificultaria a saída da situação de *bullying*. As cognições também podem desempenhar um papel importante. As vítimas agressoras, em comparação com estudantes vítimas de *bullying*, tendem a ter crenças mais favoráveis à agressão, tanto instrumental quanto reativa, e crenças de que a resposta agressiva, em muitos casos, é necessária. Parece que as vítimas agressoras muitas vezes respondem aos ataques de forma vingativa, o que pode voltar-se contra elas. Além disso, demonstram as características agressivas dos agressores ao mesmo tempo que demonstram a ansiedade das vítimas, tendo apresentado os piores níveis de funcionamento psicossocial. Quando comparadas a agressores, sujeitos vítimas de *bullying* e não envolvidos, as vítimas agressoras apresentam menor autocontrole, menor competência social e menor autoestima, além de maiores níveis de sintomas psicossomáticos. No entanto, indivíduos que sofrem *bullying*, em nível cognitivo, apresentam menor autoeficácia de enfrentamento, o que aumentaria o risco de vitimização. Ao mesmo tempo, nos agressores (sobretudo os agressores físicos), uma característica que muitas vezes está presente é que eles são fisicamente mais fortes do que o restante de seus pares, especialmente mais do que as vítimas.

No caso dos sujeitos que praticam *bullying* com seus pares, Serrano e Iborra (2005) apontam que os fatores de risco individuais são, entre outros, baixa empatia afetiva, incapacidade de reconhecer o estado emocional de outras pessoas, alta impulsividade, alto egocentrismo e transtornos psicológicos que já discutimos. Há, no entanto, dados contraditórios sobre o grau de autoestima. Assim, embora às vezes se relate que os agressores tenham baixa autoestima, essa parece ser uma característica mais típica das vítimas agressoras do que dos agressores puros, que parecem ter níveis bastante elevados de autoestima.

Por outro lado, verificou-se por vezes que os alunos com necessidades educativas especiais estão em maior risco de apresentar comportamentos agressivos. Acredita-se que isso possa se dever a déficits de comunicação e de outras habilidades sociais. Maus resultados acadêmicos ou fracasso escolar também podem ser fatores de risco a serem considerados, juntamente com o uso de álcool e drogas. Porém, para alguns alunos, altas habilidades, como alta inteligência ou brilhantismo acadêmico, em vez de serem um fator de risco para vitimização, são frequentemente um fator de risco para comportamentos de *bullying*. Tudo indica que muitos desses alunos são bastante habilidosos socialmente e astutos quando se trata de manipular situações para seu próprio benefício. Especificamente, esses agressores apresentam valores altos na dimensão cognitiva da empatia, mas baixos na dimensão emocional. Verificou-se, inclusive, que os agressores tinham uma visão mais positiva da agressividade e expectativas positivas ao empregar comportamentos agressivos, em comparação com os demais papéis.

Fatores biológicos

A possível disposição genética à vitimização também tem sido estudada. Alguns autores argumentam que a vitimização recebida não está relacionada a uma predisposição genética, mas que é determinada por variáveis ambientais, enquanto outros expressam que, na explicação da vitimização, o maior peso recairia sobre as influências genéticas e apenas um terço seria devido a fatores ambientais. Nesse sentido, o temperamento, especificamente a *inibição comportamental*, poderia ser uma variável biológica a ser considerada em indivíduos vítimas de *bullying*. É um padrão comportamental e emocional permanente diante de situações, lugares, pessoas e objetos desconhecidos ou novos, um padrão que se caracterizaria por distância, cautela, poucas tentativas de aproximação, isolamento, inquietação, sinais de timidez e tendência a permanecer em silêncio. Em relação ao comportamento agressivo, pode ser resultado de uma falha na regulação emocional. Além disso, o perfil agressivo dos agressores, segundo teorias biológicas, também se deve a deficiências genéticas (cromossomos), hormonais (testosterona) e de neurotransmissores (serotonina).

AVALIAÇÃO DO *BULLYING*

Métodos de avaliação

Ao contrário do que ocorre com a definição de *bullying*, não há consenso sobre os métodos mais eficientes, confiáveis e válidos de avaliação do *bullying*. Três tipos de metodologias têm sido utilizados para avaliar o *bullying*: questionários, técnicas sociométricas e observação comportamental. Na maioria das vezes, são aplicados questionários, que devem ser preenchidos por alunos, professores ou pais. No entanto, alguns autores têm se concentrado mais no desenvolvimento de técnicas sociométricas para identificar agressores e vítimas dentro do grupo. Em menor grau, os pesquisadores usam metodologia observacional, que visa estabelecer uma série de identificadores de observação comportamental que ajudam a identificar tanto crianças vítimas de *bullying* quanto agressores.

Medidas de autorrelato

Os instrumentos de autorrelato fornecem dados sobre a percepção dos indivíduos a respeito de suas próprias experiências, fornecendo uma visão pessoal do *bullying*. Essa categoria inclui uma grande variedade de questionários de autorrelato sobre *bullying*.

Embora existam diversos inventários, questionários ou escalas que avaliaram o problema do *bullying*, talvez o mais influente tenha sido o "Olweus Bully/Victim Questionnaire" (OB/VQ; Olweus, 2007). Esse instrumento aplica-se a jovens entre 11 e 15 anos de idade. É composto por 39 itens e avalia os três componentes do *bullying*: temporalidade, intencionalidade e desigualdade de poder. Isso inclui perguntas sobre o número de vezes que os alunos sentem que foram intimidados por seus colegas e o número de vezes que eles acham que sofreram *bullying* de alguns de seus colegas nos últimos dois meses. O formato de resposta dos itens é baseado em uma escala tipo Likert de 1 a 5 (1 = não ocorreu; 2 = ocorreu uma ou duas vezes; 3 = ocorre duas ou três vezes por mês; 4 = ocorre aproximadamente uma vez por semana; e 5 = ocorre muitas vezes por semana). Essa ferramenta de autorrelato também pergunta sobre as modalidades de *bullying*, se são vítimas dessas agressões ou se são os agressores. Quando os alunos relatam sofrer *bullying* ou realizar tais ações contra seus colegas de duas a três vezes por mês, eles já podem ser classificados como vítimas ou agressores.

Na Espanha, são utilizados diferentes questionários originários de nosso país. Nossa equipe de pesquisa desenvolveu o "Questionário multimodal de interação escolar" (CMIE-IV) para avaliar o *bullying*. É composto por 36 itens que medem cinco tipos de envolvimento em *bullying*, cada um deles constituindo uma subescala: 1) Comportamentos intimidatórios (assediador) (10 itens); 2) Vitimização recebida (assediado) (8 itens); 3) *Bullying* Extremo/*Cyberbullying* (8 itens); 4) Testemunha ativa em defesa do assediado (6 itens); e 5) Testemunha passiva (4 itens). O formato de resposta é uma escala tipo Likert, de 1 = "Nunca" a 4 = "Muitas", referente ao número de vezes que o respondente do questionário vivenciou as situações levantadas nos itens nos últimos dois meses. Quanto maior o escore, maior o nível na subescala correspondente. Além disso, embora não seja contabilizado na pontuação do questionário, há uma seção que indica o local ou os locais onde a maioria das situações incluídas no CMIE-IV costuma ocorrer. Uma cópia do questionário pode ser encontrada no Anexo 1 no final do livro.

Em relação aos pontos de corte dos questionários, em geral, principalmente se for considerado que uma pessoa sofre *bullying*, tem sido proposto que, no mínimo, as situações de *bullying* ocorram de duas a três vezes por mês. Também foi apontado que responder afirmativamente a uma pergunta geral ou pontuar "frequentemente", "bastante", "muito" ou "sempre" nas diferentes situações apresentadas, pode ser critério adequado para estabelecer os diferentes papéis do *bullying* com base na desadaptação psicológica demonstrada pelos diferentes perfis, embora não haja unanimidade a esse respeito. A utilização de uma pergunta geral (como "Você sofreu *bullying* na escola este ano?") tem sido um critério amplamente criticado pelas implicações que apresenta. Admitir ser um assediador ou um sujeito assediado não é algo fácil. Por outro lado, parece mais fácil expressar se determinados comportamentos foram sofridos ou exercidos. Além disso, um problema adicional com essas respostas gerais é que elas impossibilitam a obtenção de dados detalhados sobre o fenômeno, como as formas de *bullying*.

Medidas de heterorrelato

As limitações observadas nos autorrelatos têm levado alguns pesquisadores a optarem por medidas de heterorrelato. Os principais objetivos desses instrumentos seriam conhecer o papel dos sujeitos em situações de *bullying* em nível grupal e obter a posição de aceitação e rejeição dentro do grupo. As fontes geralmente são, em primeiro lugar, os colegas de classe, mas também os professores e os próprios sujeitos. Os métodos sociométricos são as medidas de heterorrelato mais utilizadas. Nesse caso, pede-se aos alunos que identifiquem quais colegas atendem à definição dada ou exibem determinada característica. Em variações desse método, eles também são solicitados a nomear um número fixo de colegas ou a pontuar ou marcar em uma escala de frequência se seus pares atendem a essas características ou realizam determinadas ações. A avaliação mais sofisticada é a que mede uma relação diádica entre sujeitos vítimas e agressores, perguntando aos alunos sobre seu envolvimento em situações de *bullying* como vítimas ou agressores e, ao mesmo tempo, pedindo-lhes que nomeiem seus colegas de acordo com o fato de acreditarem que são vítimas ou agressores. Exemplos de alguns sociogramas em nível nacional são o "BULL-S, Teste da medida de agressividade entre escolares", de Cerezo (2000), ou o "Sociomet, Avaliação da competência social entre pares", de González e García (2010). Alguns autores completaram as informações obtidas ao aplicar um autorrelato com um sociograma, como é o caso do heterorrelato do INSEBULL (Avilés & Elices, 2007).

Observação

A observação é o terceiro método de avaliação do *bullying*, embora sejam escassos os estudos que utilizam essa metodologia para coletar informações sobre o tema em questão. Trata-se de uma forma direta de mensuração e nos permite olhar para comportamentos específicos por meio de registros comportamentais, folhas de contagem, fichas de observação ou diários de incidentes. A avaliação ao vivo das interações entre pares requer uma desagregação exaustiva de quais comportamentos devem ser levados em conta, o que não é fácil devido à complexidade do fenômeno, no qual múltiplos perfis estão envolvidos.

O uso de recursos audiovisuais, como câmeras de vídeo, facilita a observação, mas tanto estes quanto a presença de testemunhas enviesam a situação natural, gerando reatividade nos sujeitos observados, de modo que as relações usuais entre colegas podem ser alteradas. A limitação é ainda maior se a observação ocorrer em ambiente artificial e, além disso, devemos levar em conta os problemas éticos apresentados pelas observações de menores. Tudo isso dificulta muito a obtenção de dados consensuais utilizando essa metodologia.

Outras medidas de avaliação

Temos outros métodos indiretos de avaliação que fornecem informações qualitativas sobre *bullying*, como entrevistas e técnicas narrativas. As entrevistas, tanto individualmente quanto em grupo, permitem aprofundar e investigar as particularidades de cada caso específico, o que é uma vantagem notável, mas também têm a desvantagem de identificar os sujeitos envolvidos. Muitos alunos que indicaram *bullying* de colegas no autorrelato podem não expressá-lo quando uma entrevista face a face é conduzida.

Por sua vez, as técnicas narrativas fornecem a percepção cognitiva do *bullying* e também as informações emocionais geradas pelo fenômeno nos alunos. Vinhetas retratando diferentes situações de *bullying*, fotografias ou cartões com desenhos que sequenciam uma história podem ser enviados.

Por fim, mencionaremos o uso de mapas de risco para obter informações sobre os locais onde o *bullying* ocorre. Esses mapas podem ser plantas do parquinho, murais, fotografias onde se marcam, por exemplo, com adesivos coloridos, determinados espaços em que há maior probabilidade de sofrer situações de *bullying* por parte de outros colegas.

PREVENÇÃO E INTERVENÇÃO DO *BULLYING*

Elaborar programas de prevenção ao *bullying* é, sem dúvida, um grande desafio. As tentativas feitas até agora não parecem ser tão eficazes quanto se poderia esperar. Dada a importância do problema, parte-se do princípio de que continuarão a ser desenvolvidos novos programas para fazer face a essa mazela da nossa sociedade de uma forma mais eficaz. Com vistas ao futuro, é importante desenvolver políticas que gerem um ambiente propício ao desenvolvimento adequado dos programas e contar com pessoal especializado, ou seja, profissionais que garantam o sucesso da intervenção. Também é essencial realizar uma avaliação que verifique as mudanças ocorridas, antes e depois da intervenção, bem como uma avaliação contínua durante a intervenção.

Intervenções psicológicas

A maioria dos pesquisadores concorda que o *bullying* é uma questão que ocorre no contexto social, pois se baseia tanto nas relações entre pares quanto nas relações que os alunos têm com a escola, os pais e o ambiente comunitário. Os programas desenvolvidos até a data intervêm normalmente em um ou mais desses aspectos. No entanto, existe uma grande variabilidade no formato das iniciativas, que vão desde medidas de intervenção amplas e não estruturadas, em que a execução é deixada completamente em aberto, até programas muito detalhados. Entretanto, as intervenções tendem a ser cada vez mais sistematizadas para facilitar sua implementação e verificar se são efetivas.

No que se refere aos componentes das intervenções, pode-se dizer que elas focalizam aspectos do campo educacional. Especificamente, o trabalho com os alunos é parte essencial da maioria das propostas, uma vez que as dinâmicas dos pares são as que têm maior influência nas situações de vitimização entre pares. Para tanto, são utilizadas múltiplas modalidades pedagógicas e uma diversidade de materiais (vídeos, narrações, grupos de discussão, troca de papéis, entre outros). Assim, a intervenção pode ser direcionada para aumentar um comportamento mais pró-social nos sujeitos envolvidos e também nas testemunhas e nos sujeitos não envolvidos. A maioria dos pesquisadores prefere trabalhar em grupo para evitar a estigmatização dos alunos que apresentam o perfil de crianças vítimas de *bullying* ou agressores e também para evitar o desengajamento dos demais alunos do problema. Algumas propostas, além de desenvolverem dinâmicas em nível grupal, trabalham especificamente com alunos vítimas de *bullying* e agressores, contribuindo para alcançar maiores mudanças.

A capacitação de professores e funcionários das escolas sobre o fenômeno é outro componente das propostas antibullying. Basicamente, recebem material adicional com estratégias de manejo dessas situações e instruções para que os alunos cumpram as regras estabelecidas (Calderero, 2014).

Ao mesmo tempo, muitas intervenções antibullying tentam reduzir esses comportamentos por meio do controle ambiental, vigilância dos espaços e sanções por descumprimento das regras. Isso elimina espaços de alto risco e aumenta a supervisão por parte da equipe escolar. Além disso, sempre que possível, as instalações de lazer, cantinas, etc., e as atividades que ali ocorrem, são reorganizadas. Da mesma forma, os horários são modificados muitas vezes para facilitar o acompanhamento entre as aulas. Fora tudo isso, foram também elaboradas normas antibullying com o objetivo de conscientizar os alunos sobre as consequências do *bullying* com os colegas.

Além disso, alguns autores têm feito intervenções fora do contexto educacional, dirigindo-se aos pais dos alunos com o objetivo de aumentar a conscientização dos familiares sobre o fenômeno e transmitir ideias e conselhos para alcançar mudanças nos comportamentos de seus filhos.

Em resumo, as intervenções geralmente seguem dois tipos de modelos: punitivo ou regenerador. Os modelos punitivos enfatizam a transgressão da norma e suas consequências sociais e jurídicas, enquanto os regeneradores enfatizam a restauração do sistema de relações e o bem-estar dos sujeitos a partir de sua convivência.

Habilidades sociais como ferramenta de prevenção ao *bullying*

Jiménez, Ruiz, Llor e Pérez (2012) revisaram os programas aplicados nas escolas para a prevenção e intervenção do *bullying* e da violência, e mostraram que as aplicações mais eficazes são aquelas que melhoram as habilidades sociais e interpessoais e modificam atitudes e crenças sobre o *bullying*. Muitos autores defendem a realização de ações voltadas para a promoção de interações sociais mais positivas entre os pares, tanto com os sujeitos diretamente envolvidos quanto com o restante dos alunos.

Sabemos que as habilidades sociais, de autorregulação e resolução de problemas ajudam as pessoas a funcionar em suas relações diárias com os outros e a lidar com situações difíceis, em especial aquelas em que podem aparecer sequelas psicológicas (como depressão, ansiedade, baixa autoestima...) ou uma deterioração em áreas vitais importantes (desempenho escolar, amizades, relacionamentos românticos...) se você não as tiver. Aprender e desenvolver essas habilidades é essencial para alcançar relações satisfatórias consigo mesmo e com o meio social, ajudando a prevenir e resolver problemas pessoais e interpessoais (Caballo, 1997). Melhorar as habilidades do aluno no âmbito educacional é de vital importância, tendo em vista que a educação se dá em um contexto social no qual a interação adequada entre os alunos, e entre estes e seus professores, favorece o processo educacional, o desempenho acadêmico e o desenvolvimento social de cada aluno. Para que os alunos adquiram esse repertório, é necessário que os adultos reforcem e promovam dinâmicas positivas e minimizem situações em que interações negativas possam surgir. Uma parte das intervenções globais para o *bullying* inclui um ou mais componentes dedicados ao ensino de habilidades sociais.

Dada a importância de reforçar as habilidades sociais para prevenir o *bullying*, decidimos criar um novo programa focado nesse objetivo. Nossa experiência com a formação de habilidades sociais (Caballo, 1997), especialmente no ambiente escolar (Carrillo, 2013, 2015), nos ajudou no desenvolvimento do programa, que denominamos de "Vamos compartilhar", uma vez que grande parte da expressão das habilidades sociais visa compartilhar toda uma série de experiências com os outros, de forma adequada à situação e respeitando os direitos de outras pessoas.

SEGUNDA PARTE

O PROGRAMA "VAMOS COMPARTILHAR" PARA A PREVENÇÃO DO *BULLYING*

II. APRESENTAÇÃO DO PROGRAMA "VAMOS COMPARTILHAR"

A seguir, faremos uma breve apresentação do programa "Vamos compartilhar", a fim de fornecer uma visão geral sobre ele, incluindo em que consiste, a sequência de aplicação, a quem se destina, seus objetivos e uma descrição do seu conteúdo.

INTRODUÇÃO

Como já vimos na primeira parte do livro, o *bullying* aparece com relativa frequência nas escolas, tornando-se traumático para as crianças vítimas dele. Insultá-las, ameaçá-las, agredi-las fisicamente, isolá-las, espalhar boatos maliciosos sobre elas, incomodá-las ou ridicularizá-las são alguns dos comportamentos que, se ocorrem ao longo de muito tempo, causam efeitos negativos nas crianças, tanto em sua saúde física quanto psicológica, afetando também seu desempenho acadêmico e seu desenvolvimento como pessoas. As sequelas que podem deixar na adolescência ou na vida adulta são problemas como depressão, ansiedade, baixa autoestima, dificuldade de formar e manter relacionamentos (fobia social), para citar apenas alguns. A criança que comete *bullying* apresenta comportamentos que carecem de empatia, demonstra crueldade em suas ações e palavras, conseguindo intimidar e machucar sua vítima. O fenômeno do *bullying* também traz consequências negativas para o agressor e para aqueles que contribuem para tais comportamentos agressivos, aplaudindo e incentivando esses comportamentos, muitas vezes com atitudes passivas e, em outras ocasiões, agressivas. Alguns estudos indicam que os autores de *bullying* podem sofrer com problemas de falta de autocontrole, atitudes impulsivas e violentas, comportamentos exagerados de autoridade, relações sociais e familiares problemáticas, entre outros. Os efeitos negativos do *bullying* para as testemunhas não são claros. Muitas delas mantêm a convicção de não fazer nada diante das injustiças, um sentimento de impotência que pode acabar fortalecendo personalidades mais medrosas.

Assertividade é a capacidade de conhecer e defender seus direitos diante dos demais, respeitando os direitos dos outros. A criança que apresenta comportamentos assertivos exibe um comportamento confiante, defendendo suas opiniões, valores, desejos e necessidades de forma não ofensiva e respeitando esses aspectos nos outros. Essa habilidade permite a resolução de conflitos com outras pessoas de forma positiva.

Durante a fase escolar, é possível detectar aquelas crianças mais inseguras, mais inibidas, que têm dificuldade de defender seus direitos diante de seus pares e, portanto, que podem se tornar mais facilmente vítimas de *bullying*. Da mesma forma, também é possível identificar as crianças que, devido ao seu comportamento dominante e falta de empatia para com seus pares, podem se tornar futuras agressoras no *bullying*. A prevenção do *bullying* é realizada, na maioria dos casos, numa perspectiva puramente escolar, sendo a assertividade uma das estratégias mais eficazes contra o *bullying*. A assertividade pode ser desenvolvida e integrada ao repertório comportamental tanto das crianças mais propensas a serem passivas quanto daquelas que são mais agressivas.

Proporcionar e incentivar habilidades assertivas nas crianças mais inseguras e naquelas com comportamentos mais passivos ou inibidos, para que se sintam capazes de se defender de forma não violenta das agressões de outras crianças, pode acabar com o fenômeno do *bullying*. Assim, por exemplo, ensiná-las a respeitar seu direito de dar sua opinião, de dizer "não", de expressar suas necessidades e sentimentos, de manifestar aborrecimento ou de aceitar críticas as ajuda a se colocar em pé de igualdade com seus pares em situações problemáticas. Também é muito útil ajudá--las a aumentar seu grupo de amigos por meio das habilidades sociais, como, por exemplo, saber iniciar, manter e encerrar conversas. Ensiná-las a fazer pedidos e expressar coisas positivas aos outros por meio de elogios e sentimentos positivos fortaleceria seu círculo de amizade e confiança.

As crianças com tendência a comportamentos agressivos e que são mais propensas a se tornarem autoras de *bullying* também devem ser cuidadas no âmbito da prevenção do *bullying*. Ensiná-las a se colocar no lugar do outro, a opinar sem impor suas ideias, a reconhecer suas emoções e saber expressá-las e a aceitar as diferenças ajudaria a alcançar objetivos de comunicação assertiva e, portanto, a reduzir a probabilidade de virem a se tornar futuros perpetradores de *bullying*.

Para garantir a aquisição de comportamentos sociais saudáveis, é necessário, ou pelo menos conveniente, realizar seu ensino formal. O programa "Vamos compartilhar" é um instrumento para melhorar a convivência escolar e prevenir o *bullying*. O objetivo desse programa é fornecer informações básicas sobre *bullying* a todos dentro da escola (alunos e corpo docente), bem como desenvolver e fortalecer habilidades assertivas como forma de reduzir conflitos e ações agressivas entre crianças em idade escolar. Visa também influenciar aqueles alunos que, embora não participem diretamente de ações agressivas relacionadas ao *bullying*, são observadores passivos da situação (testemunhas), fazendo com que ela se perpetue ao longo do tempo com seu silêncio. Ajudá-los a identificar situações de *bullying* para que possam apoiar a vítima e transmitir a não tolerância a situações abusivas é outro dos objetivos do nosso programa.

ESTRUTURA DO PROGRAMA "VAMOS COMPARTILHAR"

O programa "Vamos compartilhar" é uma proposta grupal que privilegia o ensino da assertividade como forma de lidar com comportamentos agressivos relacionados ao *bullying*. As habilidades pró-sociais são hoje elementos fundamentais para a prevenção da violência e o desenvolvimento de padrões de convivência pacífica no ambiente escolar. O programa inclui, na primeira parte, conteúdos relacionados a habilidades sociais e assertividade, divididos em sete módulos ou sessões:

1. Conhecer estilos de comportamento social.
2. Fazer e receber elogios.
3. Expressar sentimentos positivos e negativos.
4. Manejar conversas.
5. Fazer e recusar pedidos.
6. Expressar e lidar com críticas.
7. Resolver problemas interpessoais.

Após as sessões, a programação é composta por uma segunda parte, lúdica, na qual será realizado o jogo *Galáxia HASO*, visando o fortalecimento desses conteúdos. O jogo envolve participação ativa, as crianças aprendem a respeitar regras, a se relacionar com seus pares e a colocar em prática todas as habilidades relativas aos conteúdos do programa, em um ambiente que produz satisfação e alegria, mas também uma forma de funcionar diante da frustração, a partir de experiências que permitam que as crianças aprendam e progridam.

SEQUÊNCIA DE APLICAÇÃO E TEMPORALIDADE

O programa envolve atividades relacionadas ao ambiente escolar e pode ser incorporado ao currículo regular. A fim de promover a eficácia do programa, seria conveniente desenvolvê-lo, de forma sistemática, ao longo do ano letivo. Caberá ao educador decidir como aplicá-lo, dependendo de sua disponibilidade de tempo. Uma vez iniciado o programa, recomenda-se que não se façam intervalos superiores a duas semanas entre as sessões, o ideal sendo que ocorram uma vez por semana, com no mínimo 12 sessões ao longo do ano letivo, e com duração aproximada de uma hora cada uma. O tempo mínimo a ser dedicado a cada módulo da primeira parte é de 60 minutos (ou um pouco mais para módulos que, por sua dificuldade, demandam mais tempo, como, por exemplo, a sexta sessão dedicada a "Expressar e lidar com críticas"). No entanto, recomenda-se adaptá-lo ao ritmo do grupo.

Para a segunda parte, lúdica, na qual os alunos participam do jogo *Galáxia HASO*, recomenda-se um mínimo de quatro sessões. Uma vez que o programa tenha sido totalmente desenvolvido durante um ano letivo, o jogo pode ser reutilizado a cada ano acadêmico e servir como um *lembrete* de todas as habilidades aprendidas.

PÚBLICO-ALVO

O programa é voltado para grupos de crianças de 9 a 12 anos, com um mínimo de 9 participantes. Devido ao seu formato de grupo, é projetado para ser colocado em prática em salas de aula comuns do ensino fundamental. Esse espaço é ideal para trabalhar os diferentes comportamentos interpessoais que favoreçam o desenvolvimento de relacionamentos positivos e, assim, prevenir casos de *bullying*. Também ajuda a intervir quando já existem problemas, como relações conflituosas, comportamentos submissos, isolamento social, comportamentos agressivos, etc.

O programa pode ser aplicado pela equipe docente ou não docente nas escolas que pretendam desenvolver comportamentos de convivência positiva e prevenir comportamentos relacionados ao *bullying*.

OBJETIVOS

A aprendizagem desses comportamentos, conhecidos genericamente como *habilidades sociais*, permite uma melhora no funcionamento dos alunos, o que terá impacto direto no clima da sala de aula, nas relações entre colegas, bem como entre alunos e corpo docente. O jogo tem como objetivo dar a oportunidade de colocar em prática cada uma das habilidades aprendidas nos módulos iniciais, favorecendo a consolidação dessas habilidades no repertório comportamental de cada criança. Além disso, o treinamento assertivo (um subconjunto de habilidades sociais) visa ensinar valores e comportamentos que favoreçam o respeito aos direitos e liberdades próprios e dos outros.

Em suma, a aplicação do programa visa alcançar uma série de objetivos relacionados com a competência social e a prevenção do *bullying*, sendo esses objetivos resumidos da seguinte forma:

- Criar vínculos sociais (fazer amigos) e melhorar a qualidade das interações.
- Saber distinguir os diferentes estilos de interação: passiva, agressiva e assertiva.
- Desenvolver um estilo assertivo diante de comportamentos passivos ou agressivos.
- Aumentar a linguagem positiva nas interações com os outros.
- Considerar o ponto de vista de outras pessoas.
- Aprender a expressar opiniões, sentimentos, desejos, gostos e preferências adequadamente.
- Saber estabelecer limites e ser capaz de dizer "não".
- Reduzir a linguagem verbal negativa entre os pares.
- Diminuir comportamentos agressivos e antissociais.
- Solicitar uma mudança de comportamento de outra pessoa.
- Incentivar o pedido de ajuda a outras pessoas quando necessário.
- Saber responder adequadamente quando receber críticas.
- Aprender a responder aos insultos e ofensas dos outros.
- Aprender a respeitar e ser respeitado.
- Identificar problemas interpessoais e buscar soluções pacíficas e justas.

DESCRIÇÃO DO PROGRAMA "VAMOS COMPARTILHAR"

O programa "Vamos compartilhar" é composto pelos seguintes elementos: um manual do educador, que teria dois módulos claramente diferenciados. O primeiro, de orientação principalmente teórica, incluiria uma descrição das principais características do *bullying*, para que a pessoa que aplica o programa tenha uma ideia clara do fenômeno com o qual trabalhará ao longo do ano letivo. O segundo módulo, parte teórica e parte prática, incluiria o núcleo do programa "Vamos compartilhar", que, por sua vez, consiste em:

- Apresentação do núcleo do programa "Vamos compartilhar", que nos permite conhecer o conteúdo do programa e a forma como pode ser utilizado.

- Sete módulos contendo explicações e atividades relacionadas a habilidades sociais e *bullying*. Em linhas gerais, todos os módulos são desenvolvidos sequencialmente, com um formato comum que é aproximadamente o seguinte: 1) um quadro inicial que explicita os *objetivos* específicos de cada módulo e os pontos de seu desenvolvimento; 2) *definição* de cada uma das habilidades; 3) *vantagens* de utilizar cada habilidade; 4) *passos específicos* para saber como pôr em prática a habilidade; 5) relação da *habilidade com o bullying*; 6) *exemplos* para melhorar a compreensão de cada habilidade; e 7) *atividades* que visem colocar em prática a habilidade aprendida. Além disso, cada sessão inclui diversos quadros "Para o educador", com sugestões e dicas para conduzir a aula, e as soluções dos exemplos e atividades usando letras com uma cor mais clara.
- Regras do jogo *Galáxia HASO* que explicam o objetivo do jogo e como jogar com e sem um tabuleiro virtual.
- Cartas do jogo a serem recortadas contendo *quiz* e perguntas relacionadas a habilidades sociais, assertividade e *bullying*. As cartas são agrupadas em cores diferentes, sendo que cada cor corresponde a um tema relacionado às habilidades sociais.
- O tabuleiro do jogo *Galáxia HASO* em formato digital interativo, que pode ser usado em lousas digitais, visto que seu uso é difundido em algumas escolas, ou projetado diretamente em uma tela ou parede branca.

METODOLOGIA

Para alcançar os objetivos de aprendizagem do programa "Vamos compartilhar", será utilizada uma metodologia participativa e com certa flexibilidade, para que a pessoa que a aplique possa utilizar as estratégias de ensino e aprendizagem que considere mais adequadas a cada momento para desenvolver as diferentes sessões do programa. A reflexão e o debate sobre situações da vida cotidiana, principalmente em relação ao âmbito escolar, serão estimulados com trocas tipo "tempestade de ideias" (*brainstorming*), etc.

A fim de treinar habilidades de interação social, uma série de estratégias baseadas em um conjunto de técnicas cognitivas e comportamentais podem ser usadas para desenvolver comportamentos motores, afetivos e cognitivos, modificando comportamentos socialmente inadequados e adquirindo outros que não estão presentes no repertório comportamental dos alunos e que são socialmente eficazes. Especificamente, o programa "Vamos compartilhar" utiliza as seguintes técnicas (que podem ser adaptadas à dinâmica da sala de aula): a) *instrução verbal*, para ajudá-los a entender, por meio de explicações claras e concretas, o conceito da habilidade a ser ensinada; b) *modelação*, que consiste em demonstrar o comportamento que se pretende treinar na sessão; c) *representação de papéis*, ou *role playing*, que é a técnica pela qual os alunos encenam cenas que simulam situações da vida real e nas quais a habilidade que é objeto da sessão é treinada; d) *feedback*, que consiste em informar ao aluno como foi realizado o exercício; e) *reforço*, verbal, gestual e físico, que consiste em expressar de forma positiva ou reconhecer algo que tenha sido bem feito. O reforço é uma técnica importante para manter os participantes do programa motivados.

AS SESSÕES DO PROGRAMA

Como observamos antes, o programa é composto por sete módulos ou sessões, cada um dedicado a uma aula de habilidades sociais. O esboço geral das sessões consiste em várias partes. Primeiramente, são apresentados os objetivos da sessão correspondente, cujo foco é a prática de certa habilidade social pelos alunos e a inclusão dela em seu repertório. Em seguida, ocorre a descrição de como será o desenvolvimento da sessão, desde a explicação da habilidade que será trabalhada até as atividades práticas a serem realizadas para a consolidação da referida habilidade. Geralmente, há seções especiais dedicadas a dar informações concretas à pessoa que executa o programa para que ela tenha uma ideia mais clara de como mostrar aos alunos aspectos específicos de cada habilidade. Nas próximas páginas, descrevemos o desenvolvimento do programa "Vamos compartilhar" a ser aplicado aos alunos pelo psicólogo ou educador responsável.

III. SESSÃO 1.
CONHECER ESTILOS DE COMPORTAMENTO SOCIAL

Objetivos da sessão

- Apresentar o conteúdo do programa "Vamos compartilhar".
- Destacar a importância das habilidades sociais e da assertividade.
- Descobrir as diferenças entre estilos de comportamento passivo, agressivo e assertivo.
- Associar os estilos de comportamento aos participantes no *bullying*.
- Conhecer e praticar a assertividade.
- Incentivar comportamentos assertivos.

Desenvolvimento da sessão

- Introdução ao programa.
- Habilidades sociais: estilos de comportamento.
- Assertividade diante do *bullying*.
- Vantagens do estilo de comportamento assertivo.
- Exemplos de estilos de comportamento.
- Atividades práticas.

INTRODUÇÃO AO PROGRAMA

O educador apresenta o programa "Vamos compartilhar" aos alunos.

> **Para o educador**
>
> Hoje começaremos um programa chamado "Vamos compartilhar", que vai durar várias semanas. O objetivo do programa é que você aprenda a se relacionar de forma adequada com outros colegas, para saber o que fazer quando tiver um problema com alguém. Vamos ensiná-lo a respeitar os outros e a ser respeitado, a expressar suas opiniões, sentimentos e necessidades aos demais, a se sentir mais à vontade consigo mesmo e a desfrutar de relacionamentos com os outros.
>
> O programa é formado por duas partes. A primeira é composta por módulos nos quais aprenderemos a identificar as diferentes maneiras que temos de agir e nos comunicar com os outros, e a desenvolver habilidades como fazer elogios, estabelecer conversas, fazer pedidos, dizer "não", expressar sentimentos, fazer e lidar com críticas e resolver problemas interpessoais.
>
> Assim que terminarmos a primeira parte, dedicaremos algumas sessões para aprender e nos divertir com o jogo *Galáxia HASO*. Trata-se de um jogo em grupo que consiste em resolver situações ou questões ligadas às relações sociais. O grupo que conseguir mais estrelas será o ganhador.

HABILIDADES SOCIAIS: ESTILOS DE COMPORTAMENTO

Muitas crianças, devido à pouca idade e à falta de experiências de vida, ainda não desenvolveram um amplo repertório de comportamentos adequados para lidar com conflitos com outras crianças. Além disso, os adultos responsáveis pelos menores dão mensagens contraditórias quando estes pedem ajuda ("Não dê bola!", "Se defenda!", "Xingue de volta!", "Se ele bater em você, bata nele!"), o que leva a confusão e a comportamento inadequado ao lidar com problemas de relacionamento.

As habilidades sociais são uma série de estratégias necessárias para se relacionar bem com os outros, fazer amigos e resolver problemas. Nos módulos seguintes, algumas dessas habilidades sociais são desenvolvidas: fazer e receber elogios, expressar sentimentos positivos e negativos, fazer pedidos, dizer "não", conversar, fazer e lidar com críticas e resolver problemas interpessoais. A maneira como nos comportamos e o que dizemos quando estamos com as pessoas vai determinar se uma pessoa é socialmente competente. Crianças que não têm habilidades sociais correm o risco de não fazer amigos, vivenciar isolamento social, rejeição, dificuldade em resolver problemas interpessoais e, geralmente, sentirem-se mais infelizes. Dizemos que uma criança tem habilidades sociais quando desenvolveu um estilo de comunicação assertivo.

A comunicação assertiva é considerada a melhor ferramenta para lidar com os comportamentos agressivos de alguns indivíduos e serve como proteção contra o *bullying*. Mas, às vezes, confundimos quais respostas podem ser consideradas assertivas e quais não, passando para comportamentos extremos, seja fuga e sentimentos de vergonha ou brigas e tensões. Para esclarecer quaisquer dúvidas, seria conveniente examinar de forma mais detalhada em que consiste o comportamento assertivo e quais são os comportamentos não assertivos que podem nos levar a agir de forma inadequada. Existem três tipos de estilos de comportamento: passivo, agressivo e assertivo. Conhecer os estilos de comportamento e identificá-los não só em si mesmo, mas também nos outros, constitui a base para desenvolver estratégias assertivas e conseguir estabelecer regras saudáveis de convivência em sala de aula.

> **Para o educador**
>
> O educador introduz o tema explicando o que são habilidades sociais e descrevendo os três estilos de comportamento, ou seja, passivo, agressivo e assertivo. As explicações dadas a seguir podem servir de guia.

Estilo passivo

Uma criança que se comporta passivamente caracteriza-se por não ser capaz de defender seus direitos ou expressar seus sentimentos, desejos ou opiniões adequadamente. Esse estilo de comportamento é o que mais se relaciona com as crianças vítimas de *bullying* e com aquelas outras que, embora não sejam diretamente visadas pelos abusadores, sentem-se incapazes de lidar com suas agressões.

Esse estilo de comportamento manifesta-se socialmente com inibição, estando associado a pessoas tímidas, cuja principal preocupação é agradar a todos, procurando evitar problemas ou conflitos para não incomodar ou ter comportamentos socialmente inadequados. Isso as leva a não se mostrarem como gostariam, fazendo coisas que não querem fazer e com subordinação. Por exemplo, Mateus gostaria de passar o recreio conversando com alguns colegas, mas mesmo assim joga futebol porque o amigo Gustavo gosta de fazer isso e, portanto, é o que espera dele. Mateus não se atreve a contradizê-lo. Como Mateus não expressa a Gustavo o desejo de fazer outra atividade no recreio, este se aproveita da situação a seu favor e não pergunta a Mateus o que ele gostaria de fazer. Mateus sente que o amigo é egoísta e que não pensa nele. As necessidades dos passivos ficam em segundo plano em relação aos demais e, como consequência, recebem muito pouco dos outros, sentindo-se usados, manipulados e desconsiderados nas relações interpessoais.

A situação citada os leva a experimentar um alto nível de ansiedade, desânimo, frustração, ressentimento e insatisfação interpessoal. A contenção sistemática de sentimentos, necessidades ou desejos pode levá-los a manifestar um episódio de raiva descontrolada. Estar tão quieto às vezes faz com que eles de repente tenham um rompante de comportamento agressivo sem qualquer justificativa, embora a maioria das pessoas passivas seja capaz de suportar estoicamente inúmeras situações de abuso interpessoal. Assim, uma frase que caracteriza as crianças passivas é que *seus sentimentos, necessidades, opiniões e desejos não importam. Apenas as necessidades, sentimentos, opiniões e desejos dos outros são importantes.*

Estilo agressivo

No outro extremo do espectro, encontramos crianças que apresentam comportamento agressivo. Esse estilo de comportamento, em situações de *bullying*, é manifestado por crianças agressoras. Refere-se a uma completa falta de empatia com outras crianças e, portanto, uma clara dificuldade em respeitar os sentimentos, necessidades e desejos dos outros.

Expressam comportamentos dominantes, atropelando os direitos dos demais para alcançar seus próprios objetivos. Estão relacionados à arrogância, tentando alcançar comportamentos submissos. Seu comportamento verbal é muitas vezes ofensivo e humilhante, manifestando-se na forma de insultos, zombaria ou mesmo ameaças diretas ou encobertas. Eles promovem fofocas e calúnias no grupo para desacreditar seus "adversários".

Crianças agressivas também podem se mostrar aos outros como pessoas educadas e honestas, realizando comportamentos mascarados, maliciosos e perniciosos. Muitos autores falam de um estilo passivo-agressivo quando essas formas de agressão encoberta ocorrem.

As crianças que manifestam esse estilo geralmente são dominantes e costumam usar um tom de voz agudo, dando confiança à sua fala. Sentem-se orgulhosas de si mesmas, pois geralmente alcançam seus objetivos sem que ninguém desaprove seu comportamento ou expresse os malefícios associados a tal comportamento, cercam-se de pessoas obedientes, estabelecendo uma relação de subordinação e aprovação entre elas. Quando alguém as repreende por seu comportamento, justificam-se dizendo que são sinceras e querem o melhor na relação. Por exemplo, Miguel disse a Carolina que ela se veste muito mal. Carolina, que não esperava aquele comentário maldoso, manteve-se em silêncio sem saber o que responder, ao que Miguel justificou o seu próprio comportamento com um comentário do tipo: "Você sabe que eu sou muito sincero e falo isso para o seu bem, não quero que você passe vergonha com essa forma de se vestir".

Pessoas deste tipo provocam rejeição e não costumam estabelecer relações positivas e saudáveis com os outros, principalmente pela forma como elas os fazem se sentir. Dizem o que pensam impulsivamente, sem prever as consequências emocionais que seu comportamento tem sobre os outros. Assim, uma frase que caracteriza crianças agressivas é que *os sentimentos, necessidades, opiniões e desejos dos outros não importam. Só importam os próprios sentimentos, necessidades, opiniões e desejos e a sua satisfação.*

Estilo assertivo

No ponto intermediário entre o comportamento agressivo e o comportamento passivo ou inibido está a assertividade. A criança que se comporta assertivamente está utilizando uma estratégia e forma de comunicação positiva, na qual não agride os demais nem se submete à sua vontade, mas é capaz de expressar, de forma direta, honesta e respeitosa, seus pensamentos, sentimentos e desejos, respeitando e levando em conta os dos outros. São pessoas que se sentem confiantes em si mesmas, se fazem respeitar e sabem se cercar de amizades sinceras. Elas usam "eu penso...", "eu sinto...", "minha opinião...", "eu quero...". Elas respeitam os demais quando eles usam essas mesmas expressões. Quando surge um problema, utilizam verbalizações positivas e empáticas: "Como podemos

TABELA 3. Características gerais dos estilos de comportamento passivo, agressivo e assertivo

Estilo passivo	Estilo assertivo	Estilo agressivo
Tem dificuldade de se relacionar com os outros, é tímido	Sente-se bem com os outros. Relacionamentos positivos e prazerosos	Insulta, ameaça, critica e intimida os outros
Evita problemas e foge dos confrontos	Soluciona os problemas	Não sabe resolver problemas, envolve-se em encrencas e brigas
Sente-se mal consigo mesmo	Sente-se à vontade consigo mesmo	Sente raiva
Não expressa opiniões, desejos ou necessidades	Não ofende os outros, comunica-se educadamente, de forma direta e sincera	Expressa opiniões, desejos ou necessidades de forma inadequada e injusta, sem levar em conta os outros
Permite que os outros mandem e o manipulem	–	Manda e manipula os outros
Sentimentos frequentes de desconforto	Sentimentos de bem-estar e felicidade	–

resolver isso?", "Poderíamos fazer...", "O que você acha?", "Tudo bem?", "Você concorda?".

Agir assertivamente significa deixar os outros saberem que você não aceita ser tratado injustamente, dizer "não" a algo que está sendo solicitado a fazer e não quer fazer e expressar desconforto quando alguém faz algo que o magoa. Por exemplo, Patrícia se ressente de ser chamada de "rabo de cavalo" por um colega porque gosta daquele penteado. Patrícia, que se sente ofendida com o apelido, não hesita em comunicar seu desconforto e pede que ele pare de chamá-la assim.

A criança que tem um estilo habilidoso ou assertivo mostra-se para os outros como confiante e com uma postura corporal relaxada. Ela olha para os rostos dos outros quando fala, e seu tom de voz não é nem muito alto nem muito baixo. Assim, uma frase que caracteriza as crianças assertivas é que *seus sentimentos, necessidades, opiniões e desejos são tão importantes quanto os dos outros. Ela quer ser conhecida e também conhecer outras pessoas.*

Para o educador

Uma vez dadas as explicações sobre os estilos de comportamento, o educador escreve os três estilos na lousa, separando-os em colunas, sendo utilizada a Tabela 3 como referência. Por meio de um compartilhamento, os alunos extraem as características mais importantes de cada um dos estilos, fazendo-os refletir. Para isso, o educador pode utilizar as seguintes questões norteadoras:

— Como a criança com comportamento passivo se comporta com outras pessoas? E com comportamento agressivo? E assertivo?
— Como uma criança com comportamento passivo resolve problemas na relação? E com comportamento agressivo? E assertivo?
— Qual você acha que é a melhor maneira de se relacionar com os outros? Por quê?
— Quem você acha que tem mais amigos? Por quê?
— Como você acha que a criança com comportamento passivo se sente? E com comportamento agressivo? E assertivo?

ASSERTIVIDADE DIANTE DO *BULLYING*

Para o educador
O educador relaciona os estilos de comportamento aos participantes do *bullying*.

A assertividade implica uma forma de agir em que expressamos nossos direitos de forma não ofensiva e sem sermos pisoteados ou humilhados. É uma necessidade humana aprender essas estratégias assertivas para lidar com problemas de relacionamento com os outros.

Os alunos que se comportam de forma assertiva são aqueles que não atacam ou ofendem os demais, não subjugam os outros nem se deixam dominar ou subjugar, enfrentam os problemas com segurança e sem medo, apresentam comportamentos pró-sociais nos casos de *bullying* em que são testemunhas, ajudando a vítima: "Não dê bola, eles são mal-educados", "Conte ao professor o que eles estão fazendo com você", ou com expressões faciais de desaprovação, por exemplo, com um gesto sério ou balançando a cabeça e expressando reprovações verbais: "Cara, você está indo longe demais", "Pare com isso, ele não fez nada com você". Eles são diretamente afetados pelas situações e, por vezes, podem sentir medo dos agressores, o que os leva a pedir ajuda ou informar os adultos, especialmente quando sua integridade física está em perigo. Tais pessoas são muito importantes em situações de *bullying*, pois a vítima pode contar com elas, além de não reforçarem os comportamentos agressivos dos abusadores.

Um aluno torna-se vítima de *bullying* quando é exposto, repetidamente e durante um longo período de tempo, a insultos verbais, intimidação, rejeição social ou agressão física por outro aluno ou grupo de alunos. A vítima fica em uma situação de desamparo que causa insegurança, ansiedade, baixa autoestima e medo. Alunos com comportamentos passivos são frequentemente os receptores dos comportamentos humilhantes de alunos agressivos e apresentam déficits significativos em comportamentos assertivos. Eles têm dificuldade em se defender de ofensas repetidas de seus pares ofensivos, têm dificuldade em pedir ajuda e saber diferenciar a "piada" da ofensa. Percebem a situação como uma falta de valor nas relações sociais, o que gera um sentimento de culpa. Não se atrevem a contar a ninguém por medo de represálias dos agressores e por sentirem que não há solução para a sua situação. Eles sofrem tanto desconforto que, às vezes, explodem com comportamentos agressivos direcionados a outras pessoas não envolvidas em seu ambiente ou dirigidos ao próprio agressor ou agressores, o que, longe de beneficiá-los, os prejudica, porque estes geralmente encontram motivos para continuar hostilizando sua vítima.

Consideram-se como tendo comportamento agressivo os alunos que insultam os demais com a intenção de humilhá-los, ridicularizá-los, aqueles que submetem os outros ao seu capricho, fazendo-os sentir-se angustiados e com medo, ou os agredindo fisicamente. Nesses casos, as relações entre iguais são desequilibradas e regidas por um esquema de dominância-submissão.

VANTAGENS DO ESTILO DE COMPORTAMENTO ASSERTIVO

> **Para o educador**
>
> O educador faz as seguintes perguntas aos alunos:
> - Por que é importante ser assertivo?
> - Quais as vantagens?
>
> Juntos, eles obtêm as respostas, estimulando a reflexão.

Algumas das vantagens do estilo assertivo são as seguintes:
- Você faz mais amigos e melhores amizades.
- Você faz com que os outros o respeitem e o levem em consideração.
- Você evita abusos contra a sua pessoa.
- Você interrompe comportamentos agressivos que podem vir de outras pessoas.

- Você resolve melhor os problemas interpessoais.
- Você é capaz de se expressar com sinceridade e liberdade.
- Você mostra aos outros as coisas que gosta e não gosta neles.
- Sua confiança e sua autoconfiança aumentam.
- Você se sente bem consigo mesmo.
- Você reduz a ansiedade.

EXEMPLOS DE ESTILOS DE COMPORTAMENTO

Para o educador
O educador dá os seguintes exemplos de situações interpessoais. Os alunos terão que identificar o estilo comportamental de seus protagonistas.

1. Artur ri de Rafaela toda vez que ela responde incorretamente a uma pergunta da professora. Rafaela se sente constrangida e não fala nada.
   Solução: Artur = comportamento agressivo; Rafaela = comportamento passivo.

2. Gabriel quer sempre que façam o que ele diz, mesmo que os outros não concordem.
   Solução: Gabriel = comportamento agressivo.

3. João ri quando os outros cometem erros em sala de aula.
   Solução: João = comportamento agressivo.

4. Júlia tem vergonha de pedir a alguém da turma que a ajude com matemática.
   Solução: Júlia = comportamento passivo.

5. Luísa criou um falso boato sobre sua colega Alice. Alice imediatamente ficou na frente dela e mostrou seu desgosto com essa calúnia.
   Solução: Luísa = comportamento agressivo; Alice = comportamento assertivo.

6. Um grupo de garotos se aproxima de Guilherme com a intenção de bater nele. Guilherme pede a ajuda de um adulto.
   Solução: Guilherme = comportamento assertivo.

7. Eduarda se irrita quando não lhe dão razão.
   Solução: Eduarda = comportamento agressivo.

8. Durante o recreio, Bruna e Laura ficam em frente à porta do banheiro, impedindo quem elas queiram de entrar no local, sempre conseguindo. Mariana fica na frente delas dizendo que pretende entrar, pois elas não podem impedi-la.
   Solução: Bruna = comportamento agressivo; Laura = comportamento agressivo; Mariana = comportamento assertivo.

ATIVIDADES PRÁTICAS

Atividade prática 1

> **Para o educador**
>
> O educador lê a história *Lucas perde o sorriso*. Em duplas, os alunos terão que responder às seguintes perguntas por escrito:
>
> - Qual é o estilo de comportamento de Lucas? Por quê?
> - O que Enzo e Felipe pretendem com seu comportamento? Qual é o estilo de comportamento destes dois meninos?
> - Qual é o estilo de comportamento de Carolina, Murilo, Francisco e Vicente? Por quê?
> - Qual é o estilo de comportamento de Marina, Henrique, Inácio e Sofia? Por quê?
> - Qual ou quais personagens você considera os mais corajosos? Quem você gostaria de ser? Por quê?
>
> Lucas tem um comportamento passivo, sendo difícil para ele expressar seu desgosto pelas humilhações e insultos que sofre de Enzo e Felipe; ele finge não se importar quando na verdade se importa tanto que isso lhe causa uma dor terrível. Ele não se atreve a pedir ajuda a seus pares ou a qualquer adulto. Enzo e Felipe, por outro lado, têm um comportamento

> agressivo; sua única intenção é zombar, humilhar e machucar Lucas. Sobre Carolina, Murilo, Francisco e Vicente, também poderíamos dizer que têm um comportamento agressivo, pois, embora não sejam os instigadores das agressões ao colega, eles acompanham Enzo e Felipe quando as realizam. Marina, Inácio, Henrique e Sofia inicialmente mostram comportamento passivo, não aprovam o comportamento agressivo dos colegas, mas também não fazem nem dizem nada. No entanto, há uma mudança assertiva nestes últimos ao confrontarem Enzo e Felipe, mostrando sua rejeição aos comportamentos deles em relação a Lucas e tentando ajudá-lo.

História: Lucas perde o sorriso

Lucas é um garoto inteligente que sempre tirou boas notas. Nos anos anteriores, ele não teve problemas com nenhum de seus colegas. De vez em quando, algum colega ria dele chamando-o de "*nerd* gordo" e, embora não gostasse ou se sentisse bem, tomava aquilo como uma piada e fazia pouco caso. Mas neste ano, Enzo e Felipe, dois de seus colegas de turma, não param de rir dele, insultando-o continuamente, chamando-o de "gordo" e "bola de gordura", bem como ridicularizando-o na frente dos outros colegas, cantando músicas ou fazendo comentários ofensivos sobre seu peso.

Lucas costuma ficar calado, sem dizer nada, por medo de que seus colegas reajam com maior agressividade. Seu humor está cada vez pior, ele perdeu o interesse pela escola e se sente totalmente sozinho porque ninguém o defende, nem sabe o que fazer ou como parar a situação.

Em geral, a maioria de seus colegas segue em frente com a situação. Em algumas ocasiões, quando Enzo e Felipe fazem sua demonstração de zombaria e humilhação contra Lucas, os colegas Carolina, Murilo, Francisco e Vicente, entre outros, dão risada, enquanto Marina, Henrique, Inácio e Sofia acham humilhante o que eles fazem, mas ficam em silêncio porque não é com eles e porque temem que Enzo e Felipe também os ataquem. Quase no final do ano, Marina, Inácio, Henrique e Sofia, tristes com a situação injusta à que Lucas é submetido diariamente, decidem conversar com Lucas para que peça ajuda ao professor. Ao mesmo tempo, decidem que, além de não darem risada das atitudes de Enzo e Felipe, também irão mostrar sua desaprovação com expressões como: "Deixem o Lucas em paz".

Atividade prática 2

Para o educador

Essa atividade requer que o educador entregue cópias da folha "Pedro e o estojo de Isabela", que corresponde ao Anexo 2 (também descrito a seguir). Dois alunos voluntários são necessários para a atividade (o educador também pode participar), a fim de fazer uma demonstração na frente dos colegas. Explica-se ao grupo que uma mesma situação social será representada com três sequências diferentes, uma para cada um dos estilos de comportamento social (passivo, agressivo e assertivo). Ao final da apresentação, os alunos deverão identificar o estilo de comportamento em cada uma das sequências. O educador estimulará a reflexão nos alunos, com a ajuda de algumas destas questões:

– Que estilo de comportamento está sendo representado?
– O que pode acontecer se ele se comportar dessa forma? Como se sente cada um dos protagonistas?
– Como a outra parte pode reagir?
– Por que é importante se comportar de forma assertiva?

É aconselhável que os voluntários ensaiem antes para que a apresentação seja o mais real possível.

Situação

Pedro pegou o estojo de Isabela, sem sua permissão, para usar alguns de seus lápis. Isabela ficou chateada.

Sequência 1

Isabela: Ei! O que você está fazendo com o meu estojo?
Pedro: Eu peguei porque precisava de uns lápis de cor...
Isabela: Bem, pois não volte a pegar sem a minha permissão! Você entendeu bem? Ou compre alguns lápis para você! (Em tom de voz alto.)

Isabela usa um estilo de comportamento agressivo, expressando de forma brusca e desagradável o que a incomodou em relação a Pedro.

Pedro, por outro lado, vai se sentir mal com a forma como a colega falou com ele. Esses tipos de comportamentos podem levar a situações de conflito com os colegas em geral.

Sequência 2

Isabela: (Procura seu estojo pela sala inteira e o encontra na mesa de Pedro. Fica quieta e não diz nada.)
Pedro: Aqui está o seu estojo, eu peguei porque precisava de uns lápis de cor...
Isabela: Está tudo bem (em voz baixa).

Isabela não expressa seu descontentamento com Pedro. Ela se sente mal e culpada por não se expressar. Pedro, por outro lado, nem sequer soube que Isabela ficou chateada com ele, então é provável que ele pegue o estojo novamente sem a sua permissão.

Sequência 3

Isabela: (Procura seu estojo e vê que está na mesa de Pedro. Ela se aproxima de Pedro.) Pedro, esse é o meu estojo!
Pedro: Sim, eu peguei porque precisava de uns lápis de cor...
Isabela: Tá bom! Eu não me importo de emprestar meus lápis, mas da próxima vez peça minha permissão! Ok? (Olhando-o nos olhos e com um tom de voz firme e gentil.)

Isabela expressa seu descontentamento com Pedro de forma não ofensiva. Pedro deve ter se sentido um pouco mal com a queixa da colega. Isso provavelmente o fará pensar, e, em situações futuras em que ele precise de algo de Isabela, pedirá a ela antes.

Para o educador

Concluindo, aconselha-se o educador a estimular, ao longo do programa, o comportamento assertivo dos alunos e a reforçar positivamente aqueles alunos que atingem o comportamento desejado.

IV. SESSÃO 2.
FAZER E RECEBER ELOGIOS

Objetivos da sessão

— Aprender o significado de fazer e receber (aceitar) elogios.
— Conhecer os benefícios de saber fazer e receber (aceitar) elogios.
— Saber expressar elogios e responder a eles.
— Relacionar a habilidade de elogiar ao *bullying*.
— Incentivar a capacidade de fazer e aceitar elogios adequadamente.

Desenvolvimento da sessão

— O que são elogios?
— Vantagens de fazer e receber (aceitar) elogios.
— Como fazer elogios.
— Como receber elogios.
— Os elogios e o *bullying*.
— Exemplos de fazer e receber elogios.
— Atividades práticas.

O QUE SÃO ELOGIOS?

Elogios são comportamentos verbais (e não verbais) específicos que destacam características positivas em uma pessoa. Os elogios geram sentimentos positivos nas interações sociais, tornando-as mais agradáveis. O acúmulo dessas vivências, emoções e sentimentos positivos representa experiências satisfatórias que favorecem o desejo de continuar vivendo-as e, portanto, aumenta a probabilidade de fazermos mais elogios aos outros, melhorando a convivência entre os alunos. Os elogios beneficiam tanto a pessoa que os faz, pois ela é capaz de expressar sinceramente algo que está pensando e sentindo, quanto quem os recebe, que se sente bem em ouvir algo agradável da pessoa que elogia.

Muitas das experiências que ocorrem na escola estão relacionadas a essa habilidade. Isso acontece, por exemplo, quando um colega parabeniza outro por uma boa nota em sala de aula, ou quando um amigo diz a outro o quão bem ele joga futebol. Os elogios funcionam como reforçadores sociais, tornando as interações com os outros mais prazerosas. Às vezes, deixamos de elogiar porque achamos que a outra pessoa sabe o que gostamos nela. No entanto, muitas vezes esse não é o caso e, mesmo que fosse, ambas as pessoas estariam perdendo a chance de ter um agradável intercâmbio positivo, algo que gera laços mais profundos.

> **Para o educador**
>
> O educador apresenta a habilidade social que será trabalhada naquele dia e pergunta aos alunos o que eles entendem por *elogios*, para que eles possam expressar em suas próprias palavras a definição da habilidade e as vantagens de realizá-la ("O que são elogios?", "Quais são as vantagens de elogiar os outros?"). Eles são encorajados a dar diferentes exemplos de situações reais e falar como se sentiram ("Você pode dar um exemplo de um elogio?", "Você poderia nos contar sobre uma situação em que você fez um elogio a outra pessoa e como ela se sentiu?", "Você poderia nos contar sobre uma situação em que alguém elogiou você e como você se sentiu?"). Em seguida, com base nos conhecimentos fornecidos pelos alunos, o educador explica o que são elogios e aponta os benefícios de elogiar os outros. As explicações dadas a seguir podem servir de guia.

Elogios são expressões positivas, agradáveis e sinceras que são dadas aos outros. Quando uma pessoa faz algo bem ou há algo nela de que você gosta e você mostra sua opinião em relação a ela, isso é colocar em prática a habilidade de *fazer elogios*. Também significa dizer algo gentil, exaltar, lisonjear, enaltecer e parabenizar. Todo ser humano tem qualidades positivas ou virtudes que podem ser elogiadas, e depende de nós escolher quais delas iremos enaltecer. Quando nos encontramos em uma situação em que alguém expressa algo positivo para nós, podemos trazer à tona a habilidade de *aceitar elogios*. Aceitar elogios consiste em reconhecer e valorizar a reação positiva da pessoa que fez o elogio, sentir-se grato e gostar do que nos diz, sendo este o comportamento adequado diante do elogio.

Os elogios devem ser *sinceros*; temos que ser capazes de transmitir com veracidade o que pensamos sobre a outra pessoa. É conveniente que os elogios sejam *simples*, e não exagerados nem desproporcionais, pois eles podem soar inverossímeis para o nosso ouvinte, como: "Você é o cara mais bonito do mundo". Seria mais fácil de acreditar e apropriado dizer algo menos extremo, como "Você é bonito" ou "Você está muito bonito hoje". Os elogios devem ser feitos mantendo-se o *contexto* em mente. Há momentos em que você não quer fazer um elogio, porque pode ser contraproducente. Por exemplo, se estamos no meio de uma discussão ou vamos pedir um favor a alguém, é possível que o elogio não produza o efeito desejado e seja mal interpretado pela outra pessoa. Também temos que ser *específicos* na hora de expressar o elogio, explicitando exatamente o que gostamos na outra pessoa. Por exemplo, é melhor dizer: "Você é muito gentil por me ajudar com a lição de casa" do que "Eu gosto de você". Dessa forma, a pessoa que recebe o elogio sabe exatamente qual é a ação específica que nos satisfaz, o que aumentará a probabilidade de que aquele comportamento se repita conosco.

Podemos categorizar os elogios com base em onde nossa atenção está focada. Assim, por exemplo, elogiamos alguém por sua personalidade ou jeito de ser ("Você é muito legal"), por ter alguma destreza ou habilidade ("Você é muito bom em matemática"), por sua fisionomia ou aparência física ("Seus olhos são muito bonitos") e por coisas materiais ("Gostei da sua mochila"). Por isso, nosso comportamento é assertivo ao fazer um elogio quando conseguimos expressar, de forma positiva e sincera, o que gostamos na pessoa. Para que os elogios cheguem até nós de forma espontânea e natural, temos que nos acostumar a fazê-los. Como muitas habilidades que podem ser aprendidas, quanto mais vezes as colocarmos em prática, melhor nos tornaremos.

VANTAGENS DE FAZER E RECEBER (ACEITAR) ELOGIOS

Reagir positivamente aos outros, tanto ao fazer um elogio quanto ao recebê-lo, traz benefícios para a convivência, tornando as relações interpessoais mais agradáveis, prósperas e saudáveis. Essa habilidade é considerada necessária e indispensável para criar um bom clima entre todos e porque ajuda a coibir ou amortecer muitos problemas de convivência. Se refletirmos sobre as vantagens oferecidas pelos elogios nas relações interpessoais, podemos tirar algumas conclusões:

- Quando fazemos um elogio, ajudamos a outra pessoa a se sentir bem ao ouvir algo legal dito sobre ela.
- Fazer elogios contribui para melhorar e fortalecer as relações entre as pessoas. Ao nos expressarmos positiva e sinceramente em relação aos outros e fazê-los se sentirem bem, aumentamos a probabilidade de que eles reajam de forma semelhante conosco, produzindo reforço social mútuo que revigora e protege as amizades.
- As relações com os outros tornam-se mais ativas e agradáveis.
- Sentimo-nos melhor por deixar que os outros saibam o que gostamos neles.
- Ao aceitar os elogios corretamente, demonstramos apreço e respeito para com a pessoa que faz o elogio.
- Aceitar um elogio nos dá a oportunidade de agradecer à pessoa pelo que ela nos disse.
- Sentimo-nos bem conosco quando aceitamos um elogio da maneira correta.
- Provavelmente, a pessoa que nos elogiou vai nos fazer mais elogios porque sabe que gostamos do que ela fala.

> **Para o educador**
>
> O educador entrega a cada um dos alunos a folha "Como fazer e aceitar elogios", encontrada no Anexo 3, e explica ao grupo cada um dos passos a para realizar a habilidade corretamente. As explicações dadas a seguir sobre como fazer e aceitar elogios podem servir como um guia.

COMO FAZER ELOGIOS

Na maioria das vezes, ignoramos comportamentos agradáveis das pessoas ao nosso redor. No entanto, prestamos muita atenção quando elas agem de maneiras que não gostamos, criticando rapidamente seu comportamento. Essa tendência nos leva a ser injustos com os outros e a vivenciar um número maior de situações desagradáveis. Mudar o foco para aspectos mais positivos dos relacionamentos nos permite expressar elogios regularmente. Todas as pessoas são dignas de serem elogiadas por algo, como sua aparência física, algum talento, um comportamento particular ou alguma característica que possuem. Isso não quer dizer que tenhamos que forçar elogios sem realmente senti-los. Os principais passos para elogiar adequadamente seriam os seguintes:

- Pensar se é o momento certo para fazer o elogio. Lembre-se de que não é apropriado fazê-lo quando estamos no meio de uma discussão ou quando queremos pedir um favor.
- Aproximar-se da pessoa e olhá-la nos olhos.
- Usar o nome da pessoa, se for conhecido.
- Expressar com sinceridade o que gostamos na outra pessoa, seja sobre seu comportamento, aparência física, habilidade, etc.
- Complementar a mensagem verbal com a não verbal, como um leve sorriso, uma postura relaxada e um tom de voz amável.

COMO RECEBER ELOGIOS

Muitas pessoas têm dificuldade em receber adequadamente um elogio. De um lado, há aquelas que não sabem o que dizer e se calam, as que não acreditam que merecem o elogio, invalidando-o, e as que demonstram modéstia. Do outro lado, estão pessoas que acham que merecem tais elogios e os engrandecem, mostrando-se vaidosas e, por vezes, arrogantes. Seja como for, essas formas de resposta diminuem a probabilidade de que o elogio se repita. Aceitar o elogio com naturalidade e apreciar o que dizem com humildade e sem ser arrogante é a melhor forma de reagir quando nos fazem um elogio. Os principais passos para receber corretamente um elogio seriam os seguintes:

- Olhar para o rosto da pessoa que está fazendo o elogio.
- Ouvir o que nos dizem.
- Não ignorar nem negar o elogio, e tampouco vangloriar-se do que é dito.
- Agradecer o elogio ("Obrigado!"). Também podemos usar expressões como: "Fico feliz que você tenha gostado!", "Que bom ouvir você dizer isso!", e assim por diante.
- Complementar o que dizemos com um sorriso.
- Não se sentir obrigado a responder com outro elogio.

OS ELOGIOS E O *BULLYING*

> **Para o educador**
>
> O educador explica ao grupo a relação entre o *bullying* e a habilidade de fazer e receber elogios, levando em conta os estilos de comportamento e incentivando a participação em grupo. Por exemplo: "Como você acha que a pessoa *agressiva*, a *passiva* e a *assertiva* se comportam quando precisam fazer um elogio? E quando o recebem?". As explicações dadas a seguir sobre *bullying* e elogios podem servir como um guia.

No tópico anterior, relacionamos estilos de comportamento passivo, agressivo e assertivo aos participantes do *bullying*. Neste tópico, pretendemos esclarecer como cada um desses participantes pode se comportar no que se refere à habilidade de fazer *elogios*. Assim, por exemplo, sabemos que o comportamento agressivo do autor (ou autores) no *bullying* é mais propenso a levar a estratégias de comunicação negativas (p. ex., insultos e provocações) do que a expressões positivas que fazem os outros se sentirem bem. Portanto, esperamos que esse tipo de pessoa faça poucos elogios aos outros e menos ainda à vítima, a quem continuamente intimida e prejudica com verbalizações e comportamentos negativos. Ele pode ver algo positivo em sua vítima, mas não fará o elogio. Por exemplo, ele pode pensar que sua vítima é muito inteligente, mas nunca vai dizer isso a ela. Ele também pode zombar de sua vítima, camuflando o deboche com um elogio, como: "Eu gosto de seus dentes tortos!". É muito provável que o sujeito agressivo sinta que merece receber elogios, independentemente de ter feito algo digno de admiração. Quando alguém lhe diz algo positivo, ele pode reagir de forma presunçosa e se gabar do que está sendo dito; por exemplo, ao ser elogiado por tirar uma boa nota, ele pode responder com frases como "Eu sou o melhor da turma!" ou "Vejam como sou inteligente!".

Na mesma linha, com comportamentos agressivos, encontramos as testemunhas que, em algum momento, simpatizam com os autores do *bullying*, imitando o comportamento ofensivo e negativo que ele tem com a vítima de *bullying* e omitindo elogios. No entanto, é possível que esses mesmos participantes elogiem indiscriminadamente os abusadores, a fim de fazê-los se sentirem bem e, assim, evitarem fazer parte do clube da vítima. Quando a motivação por trás de tais elogios não é sincera, mas influenciada pelo medo, considera-se que tais pessoas têm comportamento passivo.

A vítima de *bullying*, que tem dificuldade em aceitar um elogio e acreditar, recebe tanto estímulo negativo de seu meio social que, quando alguém lhe faz um elogio, ela reage negando-o, invalidando-o e minimizando o fato pelo qual é elogiada (comportamento passivo). Por exemplo, "Não é grande coisa", "Não sou o que você diz", "Tive sorte na prova". Verificamos também que, para o grupo de colegas que, em geral, tendem a negligenciar as necessidades emocionais da vítima de *bullying*, isso lhes passa despercebido e, portanto, eles estão menos conscientes das coisas que a vítima faz, diz ou tem e que podem ser elogiadas. Assim, com a solidão da vítima, vai ficando cada vez mais difícil ela ter uma oportunidade para elogiar os outros e receber elogios deles.

EXEMPLOS DE FAZER E RECEBER ELOGIOS

> **Para o educador**
>
> O educador apresenta alguns exemplos de situações em que um elogio deve ser expresso. O aluno terá que dizer qual elogio poderia ser dado em cada situação.

O educador se dirige aos alunos dizendo: "Vamos ouvir alguns dos exemplos a seguir e pensar em qual seria o elogio apropriado".

1. Bernardo está estreando um moletom de que você gosta muito.
   Elogio: "Bernardo, eu adorei seu moletom!".

2. Júlia é uma aluna muito querida e está sempre disposta a ajudar você e quem sabe menos.
   Elogio: "Júlia, como você é querida! Obrigado por nos ajudar!".

3. Isabel sempre tem pronta uma piada ou um comentário engraçado que faz todo mundo rir.
   Elogio: "Como você é engraçada, Isabel!".

4. Davi, apesar de não se sair muito bem nos problemas de matemática, pratica muito bem todos os esportes.
   Elogio: "Como você é habilidoso; você é bom em todos os esportes!".

5. Raul é um menino muito tímido que não fala muito em sala de aula, mas quando o professor lhe pede para ler em voz alta, ele é um dos melhores nisso.
   Elogio: "Raul, como você lê bem! Eu acho que você é um dos melhores da turma nisso!".

6. Giovana se esforçou muito em um trabalho de Ciências e recebeu nota 10.
   Elogio: "Parabéns, Giovana! Você merece!".
7. Sua professora chegou com um novo corte de cabelo e você gostou de como ficou.
   Elogio: "Profe, o corte de cabelo ficou ótimo em você!".
8. Valentina é uma menina que tem um cachorro do qual você gosta, e muitas vezes você a encontra passeando pelo seu bairro.
   Elogio: "Oi! Eu gosto muito do seu cachorro; qual é o nome dele?".
9. Milena conseguiu confrontar Daniela quando ela tirou sarro de um colega.
   Elogio: "Eu vi quando você enfrentou a Daniela. Você é muito corajosa!".
10. Zared é um garoto africano que não recebe muitos elogios de seus colegas. Você acha que ele é muito inteligente, pois sempre tira o melhor proveito das explicações dos professores.
    Elogio: "Zared, você é muito inteligente! Quem me dera poder entender as coisas que o professor explica de primeira!".

ATIVIDADES PRÁTICAS

Atividade prática 1. A cadeira do elogio

Para o educador

O educador coloca uma cadeira em um lugar visível na sala de aula; na sequência, seja por sorteio ou de acordo com alguns de seus próprios critérios, ele solicita que um aluno sente-se nessa cadeira e que os demais colegas façam elogios de forma ordenada. Posteriormente, outros alunos participam da atividade. Por fim, faz-se uma reflexão final com questões como:

— Como você se sentiu quando recebeu um elogio?
— Como você se sentiu ao fazer os elogios?
— Por que é importante elogiar os outros?

Faça elogios que a pessoa sentada na *cadeira de elogios* inspira em você. Lembre-se de que todos nós temos algo a ser elogiado e que essas expressões devem ser sinceras.

Exemplos:

- "Você é muito gentil, Antônio. Você sempre me empresta suas coisas."
- "Cecília, sua letra é muito bonita."
- "Você fica muito bem com o cabelo preso."
- "Bruno, você fala inglês muito bem."
- "Você tem olhos lindos."

Atividade prática 2. O amigo secreto dos elogios

Para o educador

O educador pede que os alunos escrevam seus nomes e sobrenomes em um pedaço de papel. Ele recolhe todos os papéis e os distribui aleatoriamente, para que todos recebam um pedaço de papel com o nome de um colega. Depois, um a um e de forma ordenada, o primeiro levanta-se da sua classe, vai até a mesa do colega que sorteou e faz-lhe um elogio. O professor lembra aos alunos os passos que precisam ser dados para praticar a habilidade, tanto ao dar o elogio quanto ao recebê-lo. Por fim, faz-se uma reflexão final com questões como:

— Como você se sentiu quando recebeu um elogio?
— Como você se sentiu quando fez os elogios?

Cada aluno recebe um pedaço de papel com o nome de um colega a quem terá de fazer um elogio. O colega que recebe o elogio tem que aceitá-lo corretamente.

V. SESSÃO 3.
EXPRESSAR SENTIMENTOS POSITIVOS E NEGATIVOS

Objetivos da sessão

- Aprender a identificar sentimentos.
- Aprender a comunicar sentimentos positivos e negativos.
- Conhecer os benefícios de expressar sentimentos aos outros.
- Relacionar a habilidade de expressar sentimentos com o *bullying*.
- Manifestar a habilidade de comunicar nossos sentimentos aos outros.
- Saber como responder quando alguém expressa um sentimento positivo ou negativo.

Desenvolvimento da sessão

- O que é expressar sentimentos?
- Vantagens de compartilhar sentimentos.
- Como expressar sentimentos.
- Como receber sentimentos.
- A expressão de sentimentos e o *bullying*.
- Exemplos de como expressar sentimentos e saber responder a eles.
- Atividades práticas.

O QUE É EXPRESSAR SENTIMENTOS?

Ao longo do ano são inúmeras as situações em que precisamos expressar sentimentos ou, ao contrário, alguém os expressa para nós. Expressar um sentimento é comunicar a alguém como nos sentimos. Ser aprovado ou reprovado em um exame, perder um ente querido, receber boas notícias, ver seu time perdendo ou ganhando são exemplos de situações em que podemos expressar ou receber sentimentos de alguém. Podemos distinguir os sentimentos em duas categorias: positivos e negativos. Sentimentos *positivos* são aqueles prazerosos que nos fazem sentir bem, como felicidade, tranquilidade, satisfação, alegria, entusiasmo, empolgação, etc. Sentimentos *negativos* são aqueles que nos incomodam e nos deixam mal, como tristeza, medo, raiva, preocupação, inveja, etc.

Saber quais situações nos causam bem-estar e quais nos causam desconforto nos ajuda a nos conhecermos melhor. Se aprendermos a identificar quais situações geram bem-estar, podemos conscientemente tentar maximizar essas situações; por exemplo, se a prática de um esporte nos traz uma sensação de bem-estar, podemos incorporá-lo à nossa rotina. Se conversar com um colega nos deixa alegres, podemos repetir esse comportamento. Por outro lado, procuramos minimizar situações que geram sentimentos negativos. Então, por exemplo, se não levar a lição de casa feita para a aula nos deixa nervosos e culpados, podemos levá-la pronta no dia certo.

Para o educador

O educador apresenta a habilidade social que será trabalhada naquele dia e pergunta aos alunos o que eles entendem por *expressar sentimentos* com a finalidade de que eles expliquem, em suas próprias palavras, a definição da habilidade e as vantagens de realizá-la ("O que são sentimentos?", "Por que é importante expressar sentimentos aos outros?", "O que acontece se você não expressá-los?").

Os alunos são encorajados a dar diferentes exemplos de situações reais em que tiveram que expressar um sentimento ou alguém o expressou a eles ("Você pode dar um exemplo de uma situação em que deve expressar um sentimento?", "Como você se sente quando uma pessoa que você ama lhe fala sobre um problema?", "Você pode dar um exemplo de uma situação em que se sentiu feliz? E triste? E zangado?"). As explicações dadas ao longo do capítulo podem servir de guia.

> A seguir, o educador explica a importância de saber identificar tanto os próprios sentimentos quanto os dos outros. Para iniciar esse aprendizado, o educador desenha no quadro as diferentes expressões faciais das emoções básicas (tristeza, alegria, raiva, medo e surpresa), para que os alunos identifiquem os sentimentos correspondentes a cada uma das faces. ("Vamos aprender a conhecer nossas emoções e as dos outros. Para isso, é preciso observar os rostos desenhados no quadro que expressam diferentes emoções. Juntos, temos que descobrir quais sentimentos podem corresponder a cada expressão facial.") A Figura 1, sobre expressões emocionais, pode ser utilizada como guia para o educador.

Do ponto de vista social, comunicar nossos sentimentos ajuda os outros a verem a partir de nossa perspectiva e entenderem nossos sentimentos e motivações e, portanto, eles provavelmente reagirão de forma empática conosco. Quando expressamos ao nosso amigo a tristeza por irmos mal em uma prova, podemos receber seu apoio e compreensão. Da mesma forma, quando uma pessoa nos comunica como se sente, temos a oportunidade de conhecê-la melhor, entender o que está acontecendo com ela ou o que pensa e, assim, podemos reagir adequadamente ao que está nos expressando, e a pessoa poderá se sentir compreendida e apoiada. Um colega que nos diz que está triste e preocupado com a doença do pai ou um amigo que nos conta que está feliz por ter conseguido entrar em um curso de dança são exemplos de formas de expressar sentimentos. Temos que entender que os sentimentos são algo natural e que devem ser expressos. Um bom amigo compartilha os bons e os maus momentos.

Muitas vezes, os estudantes não sabem identificar como se sentem ou expressar seus sentimentos, o que pode levar a problemas no relacionamento com os outros. Aprender a identificar os próprios sentimentos e os dos outros nos beneficia nas relações sociais. Cada sentimento tem sua própria forma de se manifestar, e por meio da expressão facial conseguimos saber se uma pessoa está triste ou feliz, assustada ou com raiva, etc. A seguir estão as expressões faciais mais comuns.

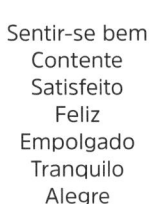

Sentir-se bem	Sentir-se mal	Bravo	Assustado	Surpreso
Contente	Triste	Furioso	Preocupado	Espantado
Satisfeito	Infeliz	Irritado	Intimidado	Alucinado
Feliz	Humilhado	Incomodado	Com medo	Admirado
Empolgado	Desanimado	Chateado	Angustiado	Perplexo
Tranquilo	Abatido	Irado	Apavorado	Chocado
Alegre	Magoado	Exasperado	Nervoso	Impressionado
Agradecido	Deprimido	Mal-humorado	Inseguro	Aturdido/Pasmo

FIGURA 1. Expressões emocionais.

VANTAGENS DE COMPARTILHAR SENTIMENTOS

Os sentimentos desempenham um papel fundamental nas relações com os demais. Saber identificar os sentimentos, ter consciência do que estamos sentindo, compreendê-los, considerá-los na hora de nos relacionarmos e saber controlar sua expressão são elementos que facilitam a construção de relacionamentos positivos. Expressar nossos sentimentos de forma adequada tem suas vantagens:

- Possibilita que os outros nos compreendam.
- Permite que os outros saibam como reagimos aos seus comportamentos.
- Permite-nos ter amizades mais saudáveis, sinceras e profundas.
- Torna mais fácil a resolução de um problema de relacionamento quando sentimentos negativos que nos invadem são expressos de forma adequada.
- Permite que nos sintamos bem quando alguém nos expressa um sentimento positivo.
- Não deixa passar despercebidos nem as alegrias nem os problemas, sejam os próprios ou dos outros.
- Possibilita que os outros se conectem conosco e que nos coloquemos no lugar deles.

- Compreender os sentimentos dos outros capacita-nos a ajudá-los ou a desfrutar de suas alegrias.
- Os outros se sentem compreendidos e amados se formos capazes de interpretar seus sentimentos.

> **Para o educador**
>
> O educador entrega a cada um dos alunos a folha "Como expressar e receber sentimentos", encontrada no Anexo 4, e explica ao grupo cada um dos passos para realizar a habilidade corretamente. Você pode ser guiado pelas explicações dadas a seguir sobre como expressar e receber sentimentos.

COMO EXPRESSAR SENTIMENTOS

Há muitas crianças que têm dificuldade em expressar o que sentem. A cultura e a educação também têm um peso importante na ocorrência ou não dessa aprendizagem. Expressar nossos sentimentos nos ajuda a liberar toda a tensão que pode se acumular quando reprimimos nossas emoções. Expressar o que gostamos, o que nos deixa tristes, o que nos assusta, manifestar gratidão ou expressar desculpas nos faz sentir melhor, mais tranquilos. Se realmente apreciamos uma pessoa, vamos expressar o que sentimos, sem precisar esperar por uma ocasião especial. Na hora de expressar sentimentos, podemos levar em conta alguns elementos:

1. Reconhecer e aceitar o que estamos sentindo como natural (alegria, tristeza, raiva, etc.).
2. Procurar o motivo que pode estar causando a emoção.
3. Verbalmente podemos expressar o sentimento em primeira pessoa, explicando o motivo daquele sentimento. Por exemplo, poderíamos expressar um sentimento completando uma destas frases:

    "Eu me sinto/senti... (nomeie o sentimento) quando/porque/por... (motivo que causa o sentimento).
    Exemplos: "Eu me sinto feliz quando você me convida para ir à sua casa", "Eu me senti triste quando você me contou o que

aconteceu com seu animal de estimação", "Eu me sinto muito feliz por ter tirado uma boa nota no trabalho".

"Quando... (motivo que causa o sentimento), me sinto/senti... (nomeie o sentimento...)".
Exemplos: "Quando saio com meus amigos, me sinto à vontade", "Quando você levantou a voz, senti raiva", "Quando encontrei o livro que perdi, me senti calmo".

"Me faz feliz/me entristece/me assusta... (use verbos emocionais) quando/o que... (motivo que causa o sentimento)."
Exemplos: "Me dá raiva quando eles conversam em sala de aula enquanto o professor está explicando", "Me entristece quando vejo uma pessoa dormindo na rua".

4. Nosso rosto deve refletir o sentimento que estamos expressando. Você não pode expressar um sentimento negativo sorrindo e vice-versa, porque isso dificultaria a compreensão por parte da outra pessoa.

COMO RECEBER SENTIMENTOS

Para podermos compartilhar momentos emocionais com os demais, além de sabermos como os sentimentos são expressos, também temos que saber como reagir quando alguém nos expressa um sentimento. Entender como os outros se sentem sem julgá-los é conhecido como *empatia* e ajuda os demais a se sentirem respeitados e amados por nós. Alguns passos a considerar para desenvolver a empatia:

1. Escutar atentamente o que a pessoa está dizendo.
2. Observar o que seu rosto expressa (p. ex., raiva, tristeza, alegria, etc.).
3. Se suspeitarmos que há algo de errado com o outro, mas ele não nos diz nada, perguntar o que está acontecendo.
4. Tentar nos colocarmos no lugar do outro, entender como ele se sente. Se conseguirmos nos colocar em sua situação e tentarmos

ver como nos sentiríamos naquela mesma situação, isso favorecerá o processo de compreensão emocional.

5. Buscar ser sensível aos sentimentos que a outra pessoa nos expressa, sejam eles negativos ou positivos:

> Quando os sentimentos expressos pelos demais são *negativos*, devemos dizer ao outro ou deixá-lo saber que compreendemos o que está sentindo, com expressões como: "Entendo que você está se sentindo mal!", "É normal estar com raiva!", ou "Eu me sentiria triste nessa situação também!".
>
> A melhor maneira de agir quando uma pessoa expressa um sentimento de desconforto é tentar ajudá-la. Se isso não for possível, encorajá-la fará com que ela se sinta apoiada e compreendida.
>
> Quando as coisas vão bem e a pessoa expressa sentimentos *positivos*, nos alegramos e desfrutamos com ela. Podem ser úteis expressões como: "Estou tão feliz por você!", "Aproveite!", ou "É bom vê-lo tão feliz!".

6. Nosso rosto deve refletir o sentimento que eles estão nos expressando. Se estão expressando um sentimento negativo, não podemos rir, e vice-versa, porque isso faria com que a outra pessoa se sentisse mal.

7. Se em algum momento não entendermos as palavras ou não soubermos responder ao que as pessoas nos dizem, podemos recorrer a comportamentos como beijar, abraçar, sorrir, ouvir, pegar na mão, etc.

A EXPRESSÃO DE SENTIMENTOS E O *BULLYING*

Para o educador

O educador explica ao grupo a relação entre o *bullying* e a capacidade de comunicar sentimentos aos outros, levando em consideração estilos de comportamento, como:

> – Como você acha que o *agressivo*, o *passivo* e o *assertivo* respondem na expressão dos sentimentos?
> – Como você se sente quando um colega insulta outro?
> – Como você acha que cada um dos participantes do *bullying* se sente?
>
> Você pode se guiar pelas explicações dadas a seguir sobre o *bullying* e a expressão de sentimentos.

Os alunos que apresentam comportamentos assertivos não costumam estar relacionados com *bullying*. Eles são empáticos, têm a capacidade de perceber o que o outro está sentindo, colocando-se no lugar da criança que está sofrendo *bullying*. Eles são sensíveis à dor dos outros e se sentem bem em ajudar aqueles que precisam. Essas pessoas são perfeitas para confortar ou ajudar as vítimas de *bullying*. E quando elas próprias são vítimas de comportamentos nocivos, como quando as provocam, irritam ou humilham, são capazes de expressar o sentimento negativo para a pessoa ou as pessoas que estão causando esse desconforto com a intenção de parar aquele comportamento. Se não forem bem-sucedidas, procuram ajuda de outras pessoas (p. ex., professores, amigos, pais) comunicando seus sentimentos de desconforto. Dessa forma, estão mais propensas a receber o apoio necessário quando surgem problemas que elas não sabem como resolver.

As crianças mais passivas têm dificuldade em expressar seus sentimentos aos outros, tendem a ficar quietas e não costumam desabafar. Esse silêncio permanente faz delas alvos de seus agressores que, cientes de que não serão delatados, continuam a subjugar sua vítima ao longo do tempo. Esta, por sua vez, sentindo-se insegura, culpada e envergonhada por não conseguir enfrentar seu agressor, recusa-se a compartilhar seus sentimentos e torna-se incapaz de reagir, fechando assim o círculo vicioso sem que ela receba a ajuda de que precisa. Às vezes pode acontecer que, ao não liberar todos esses sentimentos negativos causados pela perseguição contínua, se acumule uma raiva profunda que pode explodir em comportamentos agressivos. Essa explosão de raiva leva seus agressores a justificar seu comportamento e repeti-lo regularmente. As crianças mais passivas tendem a ter problemas emocionais de tristeza e raiva.

Os instigadores do *bullying* comportam-se de forma agressiva e, muitas vezes, não têm sensibilidade diante dos sentimentos dos outros, ou seja, são crianças que se caracterizam pela falta de empatia e de culpa. Muitas vezes respondem também a um perfil impulsivo e perturbador que os limita a controlar seus próprios sentimentos e expressá-los assertivamente. Quando expressam um sentimento negativo, é com o objetivo de machucar a vítima. O abusador, pouco consciente sobre a aceitabilidade moral de seus comportamentos abusivos, sente-se animado, poderoso e divertido, enquanto deixa sua vítima envergonhada e ofendida.

Estudos mostram que as vítimas de *bullying* experimentam ansiedade, frustração, insegurança, raiva, vergonha, decepção, culpa, medo ou tristeza, entre outras emoções, como resultado da humilhação contínua recebida. Já os agressores sentem orgulho e indiferença afetiva em geral. Muitas testemunhas do *bullying* que não fazem nada para impedi-lo sentem-se inseguras e com medo de serem atacadas pelos agressores, e também podem se sentir culpadas por não serem capazes de defender a vítima.

EXEMPLOS DE COMO EXPRESSAR SENTIMENTOS E SABER RESPONDER A ELES

Para o educador

Primeiramente, o educador apresenta alguns exemplos de situações em que um sentimento positivo ou negativo deve ser expresso. Os alunos terão que dizer como esse sentimento pode ser expresso. Em segundo lugar, o educador apresenta exemplos de situações em que um sentimento positivo ou negativo foi expresso. Os alunos terão que dizer como podem reagir em cada situação.

Vamos ouvir alguns dos exemplos apresentados a seguir e pensar em como um sentimento positivo ou negativo pode ser expresso.

1. Rafael está feliz porque vai passar o fim de semana com o amigo Bento.
   Sentimento positivo: "Bento, estou muito feliz por poder passar o fim de semana com você".

2. Vitória sente-se humilhada por duas colegas de outra turma que continuam a chamá-la de "gorda". Ela nunca disse nada às colegas.
   Sentimento negativo: "Queria dizer que estou me sentindo muito mal porque duas meninas de outra turma ficam me insultando e me chamando de gorda".

3. Clara se sente muito triste porque está passando o recreio sozinha há mais de dois meses, sem que ninguém de sua turma queira estar com ela. Ela gostaria de contar isso para a mãe.
   Sentimento negativo: "Mãe, eu fico muito triste quando estou na escola porque ninguém quer ficar comigo no recreio há meses".

4. Tiago viu como seu colega Lorenzo o defendeu quando outro menino da escola tentou atacá-lo. Tiago se sente muito agradecido a Lorenzo.
   Sentimento positivo: "Lorenzo, eu me sinto muito grato a você por ter me defendido".

5. Igor se sente muito mal quando seu amigo Pedro ri de Nicole por ser negra.
   Sentimento negativo: "Pedro, me incomoda que você ria da Nicole por ser negra. Isso não está certo".

Ouçam alguns exemplos a seguir e pensem em como se poderia responder quando alguém expressa esse sentimento.

1. "Passei na prova de recuperação de matemática!"
   Resposta: "Fico muito feliz por você! Você merece!".

2. "Eu me sinto muito triste porque ultimamente vocês me deixam sozinha no recreio e, quando eu tento chegar perto vocês, me deixam de lado."
Resposta: "Eu entendo que você se sinta triste. Não deveríamos tê-la deixado de lado. Nos desculpe!".

3. "Estou farta de você puxar meu cabelo toda vez que passa por mim."
Resposta: "Eu entendo que você está com raiva; eu não sabia que isso te incomodava. Não vou fazer de novo".

4. Joaquim se aproxima dos amigos com uma expressão triste: "Meu avô faleceu".
Resposta: "Lamentamos muito. Você deve estar se sentindo muito triste. Força!".

5. Não é comum ver Priscila tão séria. Ela está assim há alguns dias.
Resposta: "Priscila, o que houve com você? Você está muito séria há alguns dias, podemos ajudá-la em alguma coisa?".

ATIVIDADES PRÁTICAS

Atividade prática 1. Expressão de sentimentos

Todos os alunos expressarão como se sentem ou como se sentiram em uma determinada situação.

> **Para o educador**
>
> O educador, seguindo uma ordem, incentivará seus alunos a expressarem um sentimento positivo ou negativo sobre alguma situação em seu passado, presente ou futuro. Para isso, é aconselhável levar em conta as etapas em "Como expressar e receber sentimentos" que correspondem ao Anexo 4. Por fim, faz-se uma reflexão, a título de conclusão, com uma pergunta do tipo: "Como você se sente quando expressa um sentimento?"

Exemplos:

"Me senti rejeitado quando Lívia não me convidou para sua festa de aniversário."
"Estou ansioso pelas férias de verão."
"Eu me senti entediado quando meu amigo voltou para a casa dele."
"Me magoa quando meu colega não me cumprimenta na rua."

Atividade prática 2. Sentimentos aleatórios

Cada um dos alunos terá que expressar um sentimento aleatório.

> **Para o educador**
>
> Esta atividade exige que o educador recorte as tiras de papel que correspondem ao Anexo 5, "Lista Ampliada de Sentimentos". Em seguida, o educador entrega uma tira com um sentimento aos alunos para que cada um possa expressar o sentimento que recebeu seguindo os passos aprendidos ao longo deste capítulo. Esse exercício pode ser repetido quantas vezes se julgar apropriado, embaralhando e distribuindo as tiras aos alunos para que eles tenham a oportunidade de expressar diferentes sentimentos.

VI. SESSÃO 4.
MANEJAR CONVERSAS

Objetivos da sessão

- Adquirir as habilidades necessárias para conversar com os outros.
- Proporcionar a oportunidade de estabelecer contatos sociais.
- Conhecer os benefícios de responder adequadamente às conversas.
- Aprender a iniciar, manter e encerrar conversas.
- Relacionar a habilidade de saber conversar com o *bullying*.
- Estimular a comunicação com outras crianças, tanto no contexto escolar quanto fora dele.

Desenvolvimento da sessão

- O que é conversar?
- Vantagens de saber conversar.
- Como iniciar, manter e encerrar conversas.
- A habilidade de conversar e o *bullying*.
- Exemplos de como iniciar, manter e encerrar conversas.
- Atividades práticas.

O QUE É CONVERSAR?

As crianças precisam expressar suas ideias, opiniões, experiências e desejos. A conversa é o veículo que lhes permite fazer isso. Conversar é estabelecer comunicação verbal com outras pessoas. No ato de conversar, a pessoa não só fala, mas também ouve, respeita a vez de falar e presta atenção na conversa. De modo geral, falamos com alguém porque precisamos pedir ajuda, conselho, opinião ou informação (pedir que um colega o auxilie com a lição de casa), porque queremos conhecer essa pessoa (alguém novo que chega na turma e que você gostaria de conhecer) ou para oferecer algo a alguém (ajudar um senhor na rua a carregar suas compras). Há três componentes em uma conversa: início, manutenção e encerramento. Nossa desenvoltura nessas três fases pode ter um impacto positivo sobre os participantes da conversa. Por um lado, sentimo-nos bem e fazemos com que os outros também se sintam bem e, por outro, aumentamos a probabilidade de repetir o contato com essa pessoa ou pessoas para continuar a conhecê-las.

> **Para o educador**
>
> O educador apresenta a habilidade social que será trabalhada naquele dia e pergunta aos alunos o que eles entendem por *conversar*, para que eles possam explicar com suas próprias palavras a definição da habilidade ("O que vocês entendem por conversar?").
>
> Eles são encorajados a dar diferentes exemplos de situações da vida real em que tiveram que iniciar uma conversa com alguém e como eles colocaram em prática a habilidade ("Você pode dar um exemplo de uma situação em que teve que iniciar uma conversa ou alguém começou uma conversa com você?", "Como você fez isso?", "O que você disse? E quando você está falando e precisa sair, como se despede?"). As explicações dadas ao longo desta primeira parte da sessão 4 podem servir como guia.
>
> Em seguida, o educador explica o que é conversar e as três fases que compõem uma conversa (início, manutenção e encerramento).

Quando conhecemos uma pessoa ou um grupo de pessoas e começamos a falar com elas, *iniciamos uma conversa*. Geralmente começamos a conversa cumprimentando a outra pessoa, nos apresentando se não a conhecemos ou fazendo uma pergunta. Saber iniciar uma conversa permite que as outras pessoas nos conheçam e nós a elas. Algumas expressões com as quais podemos iniciar uma conversa seriam: "Você é nova na turma, certo? Qual é o seu nome?", "Olá, eu me chamo... e você?", "Olá, tudo bem?",

"Quanto tempo!", "Como você está para a prova de amanhã?", "Você faltou à aula ontem; ficou doente?", etc.

Quando é a outra pessoa que inicia a conversa conosco, podemos demonstrar nossas habilidades sociais cumprimentando de volta, nos apresentando se não conhecemos essa pessoa, ou respondendo educadamente à pergunta ou ao comentário que ela nos fez.

Manter uma conversa é continuar por um tempo o diálogo que iniciamos. O objetivo é tornar essa conversa agradável para as partes envolvidas. Podemos continuar conversando com a pessoa perguntando ou fazendo um comentário sobre um tópico comum ou sobre algo que pensamos que ela pode achar interessante. Por exemplo, quando estamos no recreio e comentamos com nossos colegas sobre a dificuldade em um trabalho escolar, podemos manter a conversa assim: "Que difícil este trabalho! Tem tanta informação para pesquisar na internet. Como vocês estão fazendo?". Ou se um colega disse que estava viajando no fim de semana, podemos perguntar a ele: "Para onde você viajou?". Quando uma conversa é iniciada e queremos nos integrar e fazer parte dela, é necessário primeiro prestar atenção e ouvir o que está sendo falado para depois poder perguntar, fazer um comentário ou dar nossa opinião e continuar essa conversa. No entanto, quando se trata de fazer perguntas, podemos usar alguns pequenos truques para facilitar uma conversa. Assim, perguntas que começam com "O que...?", "Como...?" ou "Por que...?", chamadas de *perguntas abertas*, ajudam a outra pessoa a falar mais. Por outro lado, *perguntas fechadas* como "Quando...?", "Onde...?" ou "Quem...?" são menos úteis na hora de conversar.

Encerrar uma conversa significa terminar o bate-papo que iniciamos e expressá-lo de uma forma amigável e agradável. Uma conversa pode ser encerrada quando ambas as partes decidem fazê-lo ou porque uma das partes quer terminá-la. Normalmente, as razões pelas quais decidimos colocar essa habilidade em prática são: porque estamos com pressa e não conseguimos dedicar mais tempo para estar com a outra pessoa, ou porque o tema da conversa acabou e não temos mais nada a dizer, ou simplesmente porque queremos fazer outras coisas. Seja qual for o motivo, temos que expressar ao outro, de forma amigável, que estamos encerrando a conversa e não deixar a pessoa com quem estamos falando no vácuo. É aconselhável mostrar prazer com a conversa que acabou de acontecer e nos despedir. Alguns exemplos: "Adorei encontrar você e saber como está, mas tenho que ir para minha aula de inglês. Outra hora nos vemos. Até mais!"; "Sinto muito, mas tenho que ir. Amanhã no recreio você continua me contando. Até lá".

VANTAGENS DE SABER CONVERSAR

> **Para o educador**
>
> O educador faz as seguintes perguntas aos alunos:
>
> — Por que é importante saber conversar?
> — Quais são as vantagens?
>
> Juntos, eles obtêm a resposta, estimulando a reflexão.

A conversa é a ferramenta essencial que o ser humano tem para poder transmitir suas necessidades, desejos e opiniões. Da mesma forma, por meio da conversa aprendemos sobre as necessidades, os desejos e as opiniões dos outros. Crianças sem habilidades sociais muitas vezes não sabem como começar, manter e encerrar uma conversa, esperando que a outra pessoa o faça.

Aprender a habilidade de conversar oferece uma série de vantagens no dia a dia. Algumas delas são as seguintes:

- Podemos conhecer pessoas novas e começar novas amizades.
- Deixamos que outras pessoas nos conheçam e as conhecemos melhor.
- Podemos compartilhar ideias e experiências com outras crianças.
- Podemos participar de conversas e apreciá-las.
- Podemos resolver problemas com outras crianças.
- Aprendemos coisas conversando com os outros.
- Transmitimos nossas dificuldades e problemas aos outros, dando a oportunidade para que eles nos ajudem.

COMO INICIAR, MANTER E ENCERRAR CONVERSAS

> **Para o educador**
> O educador entrega a cada um dos alunos a folha "Como iniciar, manter e encerrar conversas", encontrada no Anexo 6, explicando ao grupo cada um dos passos para realizar a habilidade corretamente. As explicações dadas a seguir sobre como iniciar, manter e encerrar conversas podem servir como guia.

Poder conversar com os outros é uma experiência enriquecedora que nos permite ter uma vida social plena. Mas nem todos sabem como conduzir uma conversa corretamente, o que significa que ou evitam situações em que tenham de falar ou, quando precisam encarar essas situações com habilidades ineficazes, não conseguem aproveitar o prazer daquele momento. Conversar com quem queremos fazê-lo é uma habilidade que pode ser aprendida. A seguir, fornecemos uma série de sugestões ou passos para desenvolver a capacidade de iniciar, manter e encerrar uma conversa.

Como iniciar uma conversa

1. Escolher um momento conveniente para começar a conversar, como em um parque, no recreio, na rua ou em uma festa de aniversário.
2. Aproximar-se da pessoa, sorrir e cumprimentá-la: "Oi, tudo bem?", "Bom dia".
3. Iniciar a conversa apresentando-se caso a pessoa não seja conhecida ou perguntando seu nome: "Meu nome é..., e o seu?".
4. Fazer uma pergunta, dar uma opinião ou fazer um comentário sobre um tema comum, algo que está acontecendo naquele momento ou que estamos vendo. Por exemplo: "Você viu o filme que começou a passar ontem no cinema?"; "Já experimentou o bolo? Está muito gostoso"; "Seus tênis são muito legais; são novos?".

Como manter uma conversa

1. Continuar o tópico da conversa que foi iniciada com comentários, perguntas ou opiniões ("eu gosto", "eu acho que", "eu acho que sim", "eu não gosto", "eu não concordo"). Ao fazer perguntas, de preferência usar *perguntas abertas*.
2. Prestar atenção no que a outra pessoa diz e responder se ela fizer uma pergunta.
3. Revezar-se na conversa, ora falando, ora escutando.

Como encerrar uma conversa

1. Desculpar-se e informar à pessoa ou às pessoas que vamos encerrar a conversa. Se julgarmos apropriado, explicamos os motivos pelos quais estamos indo embora: "Sinto muito, mas tenho que ir"; "Desculpe, tenho que ir. Minha mãe está me esperando para irmos ao supermercado".
2. Caso tenhamos gostado da conversa e da companhia, deixar que a pessoa saiba disso: "Adorei falar com você"; "Fiquei feliz em vê-lo".
3. Se queremos ver essa pessoa novamente, perguntar: "O que você acha de nos encontrarmos outro dia?".
4. Despedir-se com expressões como "Tchau", "Até outro dia", "Até amanhã".

A HABILIDADE DE CONVERSAR E O *BULLYING*

A maioria das pessoas acha fácil ter uma conversa, mas algumas crianças dispõem de poucas habilidades sociais, sendo mais difícil para elas colocar em prática tal habilidade. Crianças com estilo passivo são submissas e inibidas quando precisam interagir e, muitas vezes, evitam o contato social. No outro extremo, crianças com estilo agressivo têm dificuldade de se relacionar de forma positiva, mostrando relações de dominância sobre outras crianças.

> **Para o educador**
>
> O educador explica ao grupo a relação entre o *bullying* e a habilidade de conversar com os outros, levando em conta estilos comportamentais e incentivando a participação em grupo, fazendo este tipo de pergunta: "Como você acha que o agressivo, o passivo e o assertivo respondem quando querem participar de uma conversa?". As explicações dadas a seguir sobre *bullying* e habilidades de conversação podem servir como guia.

Crianças agressoras geralmente têm um caráter extrovertido, tendem a parecer autoconfiantes e mostram iniciativa nas interações com os outros, buscando aplauso e admiração de seus pares e zombando daqueles que consideram mais fracos. Isso muitas vezes as leva a se tornarem líderes negativos, mantendo um modelo de relação dominância-submissão. O abusador se sente poderoso e engraçado enquanto deixa sua vítima ofendida e humilhada. Não pode ser considerado socialmente competente, pois apresenta comportamentos inadequados, como impulsividade, agressividade e falta de comportamentos pró-sociais (p. ex., empatia). Ele não diferencia medo de respeito e acha que a única maneira de obter respeito é mostrando-se agressivo. O contato visual de crianças abusivas é mais desafiador; elas podem monopolizar uma conversa buscando os holofotes, não ouvem e não aceitam outros pontos de vista.

Crianças vítimas de *bullying* costumam ter problemas de timidez e insegurança, o que dificulta o relacionamento com os pares e o estabelecimento de novas relações. Como consequência, sua rede social é mais limitada e, muitas vezes, apresentam isolamento, sem contar com a proteção e o apoio que seus pares proporcionariam. Ter poucos amigos ou não ser muito apreciado pelo restante da turma pode ser um motivo para esse desequilíbrio de poder do qual o assediador se aproveita para realizar seus ataques, buscando a cumplicidade dos outros para que não o delatem. Os alunos vítimas percebem a situação como consequência de sua falta de habilidades sociais, o que gera culpa.

Mas nem sempre é assim: há vítimas de *bullying* que sabem iniciar e manter conversas com os outros, mas o medo do agressor ou agressores faz com que elas não consigam responder e mostrar a fluência de fala necessária quando os abusadores as intimidam e humilham, levando-as a se sentirem envergonhadas e a se afastarem do grupo.

Crianças assertivas são autoconfiantes, tendem a ter muitos amigos a quem respeitam e por quem se fazem respeitar. Dialogam com seus pares de forma positiva, sem ofender ninguém e tratando os outros com gentileza e dignidade. Em uma conversa, elas se revezam falando, ouvindo e se interessando pela opinião dos outros. Elas conseguem incluir no grupo as crianças mais tímidas ou que são novas na escola ou no bairro. No *bullying*, crianças assertivas podem interromper muitas situações de exclusão social sofridas pela vítima (isolamento, vazio), integrando-a ao grupo e incentivando-a a participar dele com expressões como "Venha no recreio com a gente", "Não fique sozinha", "Do que você quer brincar?", etc.

EXEMPLOS DE COMO INICIAR, MANTER E ENCERRAR CONVERSAS

> **Para o educador**
>
> O educador apresenta alguns exemplos de situações em que uma conversa deve ser iniciada, mantida ou encerrada e os alunos terão que responder a essas situações: "Escutem alguns exemplos que vou apresentar a seguir e decidam como responder a eles".

Exemplos de situações em que uma conversa deve ser iniciada, mantida ou encerrada:

1. O professor apresentou uma nova garota em sala de aula chamada Elisa.
   Iniciar uma conversa: "Olá, Elisa! De que escola você vem?".

2. Helena acaba de chegar à aula de dança e quer iniciar uma conversa com a colega Joana.
   Iniciar uma conversa: "Oi, Joana! Você faltou à aula outro dia; o que aconteceu com você?".

3. Maitê e Nicolas estão falando sobre a divertida aula de inglês que acabaram de ter.
   Manter a conversa: "Eu adoro a profe de inglês. E você?"; "Quando será nossa próxima aula de inglês?"; "Gostaria que todas as aulas fossem tão divertidas quanto esta!".

4. Lucas é muito tímido e gostaria, no recreio, de poder jogar futebol com alguns de seus colegas.
   Iniciar uma conversa: "Eu gosto muito de jogar futebol. Se vocês forem jogar no recreio, posso jogar também?".

5. Daniel está conversando com seu amigo Vinícius, mas ele tem que ir para a casa de sua avó.
   Encerrar a conversa: "Vinícius, me desculpe, mas tenho que ir agora. Nos vemos na escola amanhã?".

6. Isadora fica triste por Lavínia estar sozinha no recreio, quer integrá-la ao seu grupo de amigas e por isso gostaria de falar sobre o assunto com elas.
   Manter a conversa: "Meninas, fico com pena que a Lavínia esteja sozinha no recreio; que tal falarmos para ela ficar com a gente?"; "A Lavínia está sozinha e ninguém quer brincar com ela. Eu não gostaria que isso acontecesse comigo, então vou falar para ela ficar com a gente, tá bom?".

7. Tomás foi para o acampamento de férias e não conhece ninguém. Ele gostaria de se aproximar de dois garotos que estão conversando e que parecem legais.
   Iniciar uma conversa: "Oi, meu nome é Tomás! Não conheço ninguém do grupo. Como vocês se chamam?".

8. Alguns dos meus colegas estão conversando sobre um jogo de *videogame* bem conhecido. Eu gostaria de continuar a conversa.
Manter a conversa: "Eu amo esse jogo! Em que fase vocês estão?"; "Eu jogo com meu irmão e quase sempre ganho dele"; "Vocês ficaram sabendo que saiu uma nova versão?".

9. Leonardo foi à festa de aniversário do seu primo Diego e não conhece nenhum dos convidados. Ele gostaria de começar a conversar com alguns deles.
Iniciar uma conversa: "Olá! Sou o Leonardo, primo do Diego. Vocês são colegas dele?"; "Olá, como se chamam?".

10. João Pedro não gostou de ver que nenhuma de suas colegas queria fazer o trabalho de matemática com sua amiga Laís. Ele quer se aproximar de Laís e conversar com ela.
Iniciar uma conversa: "Não se preocupe, Laís, você pode entrar no meu grupo se quiser"; "Oi, Laís, tudo bem? Eu vi que você está sem grupo; quer vir para o meu?".

ATIVIDADES PRÁTICAS

Atividade prática 1. Aprender a iniciar, manter e encerrar conversas

Para o educador

O educador propõe diferentes situações em que uma conversa poderia ser iniciada para que os alunos as representem. As propostas desta sessão podem ajudar. Pede-se aos alunos que colaborem nestas *performances*, dando-lhes alguns minutos para prepará-las: "Vamos realizar uma atividade para representar uma série de situações em que temos de iniciar, manter ou encerrar uma conversa. Eu preciso de voluntários para realizá-la. Vocês terão alguns minutos para prepará-las. Durante a representação das situações, precisamos seguir algumas orientações, como tentar fazer com que a outra pessoa se sinta confortável, sorrir, apresentar-se no caso de não conhecê-la, fazer perguntas e dar opiniões se quiser manter a conversa, ouvir e responder se lhe fizerem uma pergunta. Eu e o restante da turma observaremos a

> situação e depois daremos nossa opinião sobre a representação". Cada vez que uma representação é feita, podemos fazer estas perguntas aos alunos:
>
> — Como seu colega começou a conversa?
> — De que outra forma poderia ter feito isso?
> — Como essa conversa poderia ter se mantido de outra forma?
> — Gostou da forma como a conversa terminou?

Represente as seguintes situações em que uma conversa deve ser iniciada, mantida ou encerrada. Situações a representar:

1. Você está com um amigo em uma festa de aniversário e quer conhecer outros convidados.
   Iniciar e manter uma conversa.

2. Um menino imigrante que você gostaria de conhecer chega à sua turma.
   Iniciar e manter uma conversa.

3. Você encontra na rua um colega de turma.
   Iniciar, manter e encerrar uma conversa.

4. Você está conversando com sua amiga no recreio e percebe que uma de suas colegas ficou sozinha; você tem vontade de conversar com ela.
   Iniciar e manter uma conversa.

5. Um colega não está indo à escola há vários dias. Você gostaria de saber o que aconteceu com ele. Como você tem o telefone da mãe dele, resolve ligar para ele.
   Iniciar, manter e encerrar uma conversa.

Atividade prática 2. A corrente de conversa

> **Para o educador**
> O educador começa lendo, em voz alta, uma primeira frase (pode ser uma das propostas nesta seção ou alguma que você tenha criado); na sequência, dará

> instruções ao grupo para continuar com a conversa, sendo que todos os participantes do grupo terão a sua vez. O educador dá um exemplo aos alunos: "Esta atividade prática consiste em ter uma conversa a partir de uma primeira frase que eu vou ler. O aluno que estiver na vez vai continuar a corrente de conversa, construindo a próxima frase com algum tipo de comentário, ideia ou opinião sobre o que está sendo dito e assim por diante. Todos participarão. Vejamos um exemplo para começar. Se alguém não souber o que responder, vai passar a vez para o próximo e poderá continuar quando inventar algo, levantando a mão". No decorrer da atividade, é normal mudar de assunto e abandonar o comentário inicial com o qual começou. A partir de um primeiro comentário, mantenha a conversa em andamento gerando novos comentários em uma corrente.

Exemplos:

- Participante 1: "Neste sábado vou ao cinema ver o filme de super-heróis que acabou de ser lançado".
- Participante 2: "Ainda não vi, mas deve ser muito interessante".
- Participante 3: "Eu também não vi, mas me disseram que tem muita ação".
- Participante 4: "Pois eu neste fim de semana vou ficar em casa assistindo à saga dos vampiros".
- Participante 5: "Adoro filmes engraçados", etc.

Algumas frases para iniciar a atividade:

"Neste sábado vou ao cinema para assistir à estreia daquele desenho animado."
"Não entendi nada do que a professora de matemática explicou."
"Vou à praia neste verão."
"Parece que amanhã vai chover."
"É bom se dar bem com toda a turma."

VII. SESSÃO 5.
FAZER E RECUSAR PEDIDOS

Objetivos da sessão

- Aprender a diferenciar pedidos honestos de desonestos.
- Saber pedir favores e ajudar os outros.
- Saber o que significa recusar um pedido.
- Aprender a fazer e recusar pedidos para evitar *bullying*.
- Conhecer os benefícios de saber fazer pedidos.
- Conhecer os benefícios de saber recusar pedidos.
- Relacionar as habilidades de fazer e recusar pedidos ao *bullying*.

Desenvolvimento da sessão

- O que é fazer pedidos e recusá-los?
- Vantagens de fazer pedidos e recusá-los.
- Como fazer pedidos e como recusá-los.
- Fazer e recusar pedidos e o *bullying*.
- Exemplos de como fazer e recusar pedidos.
- Atividade prática.

O QUE É FAZER PEDIDOS E RECUSÁ-LOS?

O ser humano necessita dos demais, em muitas ocasiões, para alcançar objetivos pessoais ou para pedir ajuda ocasional. A vida nos coloca em muitas situações em que temos que pedir coisas aos outros, e a verdade é que as pessoas, em geral, estão dispostas a ajudar os demais se forem solicitadas. Temos que confiar nas pessoas ao nosso redor para nos atender e aprender a esperar generosamente tanto por um sim quanto por um não. Todos nós temos direitos que devemos aprender a defender. No tema desta sessão encontramos dois direitos fundamentais: o direito de pedir o que queremos, desde que seja algo razoável e honesto, e o direito de dizer "não". As habilidades de fazer e recusar pedidos adequadamente, como todas as outras habilidades que estamos vendo ao longo do programa, podem ser aprendidas e melhoradas com a prática.

> **Para o educador**
>
> O educador explica as duas habilidades sociais que serão trabalhadas neste dia e pergunta aos alunos o que eles entendem por *fazer pedidos e recusar pedidos*, para que eles possam explicar com suas próprias palavras a definição dessas habilidades ("O que significa para você fazer um pedido?", "O que significa recusar um pedido?").
>
> Eles são encorajados a dar diferentes exemplos de situações da vida real em que tiveram que fazer um pedido e recusar um pedido e como realizaram essas habilidades ("Você pode dar um exemplo de uma situação em que teve que fazer um pedido a alguém ou recusar um pedido?", "Como você fez isso?", "O que você disse?", "Você se lembra de uma vez em que alguém lhe pediu algo?", "Como você fez?").
>
> Em seguida, o educador explica o que é fazer um pedido e recusar um pedido e a diferença entre pedidos honestos e desonestos. As explicações dadas ao longo desta primeira parte da sessão 5 podem servir como guia.

Fazer um pedido é comunicar ou pedir aos outros algo de que precisamos ou que gostaríamos de fazer. Muitas vezes, somos confrontados com situações em que temos que fazer um pedido, como, por exemplo, pedir algo de que precisamos ("Você pode me emprestar sua canetinha preta?"); pedir ajuda ou um favor ("Não entendi muito bem a nova matéria de matemática; você poderia me explicar, por favor?"); propor um horário ou atividade ("Você quer vir à minha casa hoje à tarde?"); ou pedir a alguém que mude seu comportamento (este último pedido, dada sua dificuldade, está incluído no Capítulo VIII, na parte sobre *expressar e lidar com críticas*). É bom prestar favores para os outros, e quando alguém nos faz um favor, é importante agradecer. Saber formular pedidos com cortesia e gentileza aumenta a probabilidade de que os outros atendam ao nosso pedido. Se quisermos que alguém nos empreste o apontador de lápis dizendo "Ei, você, me dê seu apontador!", a outra pessoa pode ficar com raiva ou aborrecida com nossos maus modos. Se, por outro lado, expressarmos nosso pedido de maneira educada: "Por favor, você pode me emprestar seu apontador de lápis?", certamente a outra pessoa não hesitará em atendê-lo. Uma coisa importante a ter em mente é que, quando fazemos um pedido de forma assertiva, temos que respeitar o direito do outro de dizer não.

Recusar um pedido é a capacidade de dizer "não" e consiste em nos negarmos a fazer o que nos é pedido, de forma direta, gentil e honesta. Pode ser que o que estejam nos pedindo seja algo razoável que não podemos (ou queremos) fazer no momento, ou algo irracional ou desonesto e não queremos ceder. Essa habilidade muitas vezes pode ser difícil, especialmente quando temos que colocá-la em prática com pessoas com quem nos importamos ou com quem temos uma relação mais próxima (família, amigos, irmãos). Por exemplo, quando um amigo pede um jogo que você usa regularmente, quando sua mãe insiste em matriculá-lo em uma atividade extracurricular da qual você não gosta, quando sua prima pede para você ficar na casa dela para dormir, ou quando seu amigo insiste para que você minta sobre um problema, dizer "não" pode gerar desconforto ou culpa. É conveniente tanto aprender a dizer "não" quanto aprender a aceitar um "não" em resposta a um pedido, interpretando essa recusa como um direito que a outra pessoa deseja ou precisa defender por vários motivos.

Podemos classificar os pedidos em honestos e desonestos com base no fato de seu conteúdo ser moralmente bom ou não. Dizemos que um pedido é *honesto* quando o que estamos solicitando é algo razoável e quando a pessoa pode fazê-lo que haja algum tipo de dano envolvido. Então, por exemplo, pedir ajuda com alguma lição de casa, pedir emprestado um jogo ou brinquedo, pedir a um grupo de colegas para brincar com eles são situações que se enquadram nessa categoria. Um pedido é *desonesto* quando o que solicitamos ou a forma como solicitamos pode fazer com que a outra pessoa se sinta mal, magoada, humilhada ou envolvê-la em situações prejudiciais, como, por exemplo, exigir que um colega faça um trabalho de aula para você, pedir ao seu amigo para ajudá-lo a roubar algo de um colega, ou pedir a um amigo para insultar outro e ameaçar deixar de ser seu amigo se não o fizer. Esses tipos de pedidos não devem ser expressos, pois podemos fazer com que a outra pessoa se sinta mal ou colocá-la em apuros. Saber diferenciá-los nos dá a oportunidade de responder a eles de uma forma ou de outra.

VANTAGENS DE FAZER PEDIDOS E RECUSÁ-LOS

Saber exercer o nosso direito de fazer e recusar pedidos, de forma adequada, e aceitar que esse direito também está disponível para os outros, é essencial porque nos permite expressar livremente nossas necessidades e responder aos pedidos dos outros em coerência com o que pensamos e sentimos.

> **Para o educador**
>
> O educador faz as seguintes perguntas aos alunos:
> - Por que é importante fazer pedidos?
> - Por que é importante recusar pedidos?
> - Quais as vantagens de aprender essas habilidades?
>
> Juntos, eles obtêm a resposta, estimulando a reflexão.

Aprender a habilidade de fazer pedidos corretamente oferece uma série de vantagens no dia a dia. Algumas delas são as seguintes:

- Expressamos nossas necessidades e as expomos aos outros.
- Temos mais chances de conseguir o que pedimos.
- Permitimos que os outros nos entendam.
- Sentimo-nos bem em poder expressar o que precisamos.
- Aumentamos a probabilidade de obter a ajuda de outras pessoas.

Aprender a habilidade de recusar pedidos oferece uma série de vantagens. Algumas delas são as seguintes:

- Podemos evitar a manipulação dos outros e, portanto, o *bullying*.
- Sentimo-nos bem em priorizar nossas necessidades e desejos.
- Aprendemos a nos defender, estabelecendo limites e fortalecendo nossa autoconfiança.
- Deixamos que os outros conheçam nossa postura em relação ao pedido.
- Fazemos com que eles nos respeitem, estabelecendo relações mais saudáveis e satisfatórias.

COMO FAZER PEDIDOS E COMO RECUSÁ-LOS

> **Para o educador**
>
> O educador entrega a cada um dos alunos a folha "Como fazer e recusar pedidos", encontrada no Anexo 7, e explica ao grupo todos os passos para realizar as habilidades corretamente. As explicações dadas a seguir sobre como fazer e recusar um pedido podem servir como guia.

Saber colocar em prática as habilidades de fazer e recusar pedidos nos dá proteção para garantir e defender nossas necessidades e desejos. No entanto, nem todas as pessoas conseguem realizá-las com facilidade, e acabam evitando expressar esses pedidos razoáveis ou, quando o fazem, tendem a pedir desculpas e a justificar-se excessivamente, como se estivessem fazendo algo errado ou não tivessem o direito de fazê-lo. Quando querem recusar um pedido, por vezes não conseguem expressar sua recusa e, noutras ocasiões, recusam o pedido apresentando desculpas ou se justificando, quando na realidade têm bem claro que não querem ceder a ele. No outro extremo do espectro, estão as pessoas que expressam seus pedidos com exigência e hostilidade, ficando ofendidas e chateadas quando recusam um pedido seu. A seguir, apresentamos uma série de sugestões ou passos comportamentais para realizar as habilidades de fazer e recusar pedidos.

Como fazer um pedido

1. Pedir coisas que sejam honestas, que saibamos que estão bem e que os outros possam fazer por nós.
2. Escolher um momento conveniente para fazer o pedido.
3. Aproximar-se da pessoa e olhá-la no rosto, dizendo a ela o que precisamos sem rodeios ou desculpas. Podemos começar pedindo "por favor", para acompanhar frases como: "Eu gostaria que..."; " Você me faria a gentileza..."; "Você poderia me ajudar..."; " Você se importaria...". Em seguida expressamos o que queremos pedir.
4. Agradecer à pessoa, independentemente de sua resposta. Se ela responder afirmativamente, podemos dizer: "Obrigado por aceitar!". Se ela disser "não", lembramos que a pessoa tem o direito de recusar. Não demonstramos ressentimento nem ficamos com raiva e, se necessário, procuramos alguém que possa atender ao nosso pedido. Podemos dizer algo como: "Bem, sem problemas! Obrigado de qualquer maneira".

Como recusar um pedido

1. Pensar se o pedido que nos estão fazendo é honesto ou desonesto.
2. Se o pedido for *honesto*, olhar para o rosto da pessoa e recusar de forma clara, direta e amigável, sem inventar desculpas e dando as razões pelas quais recusamos. Por exemplo: "Não, sinto muito. Tenho outros planos"; "Eu adoraria, mas não posso"; "Sinto muito, mas não tenho interesse". Se não pudermos fazer o que estão nos pedindo naquele momento ou da maneira como estão nos pedindo, mas gostaríamos de retribuir esse pedido, deixar que o saibam mostrando alternativas: "Não, sinto muito. Talvez em outro momento".
3. Se o pedido for *desonesto*, olhar para o rosto da pessoa, demonstrar seriedade e recusar categoricamente, sem dar desculpas ou justificativas, ou seja, simplesmente expressar um "não". As razões para nossa recusa só precisam ser dadas se necessário. Podemos usar expressões como: "Não, me desculpe"; "Não vou fazer o que você está pedindo".

4. Se insistirem ou nos pressionarem a realizar o pedido, resistir repetindo novamente a recusa com frases como: "Já lhe disse que não vou fazer"; "Não, não. Eu não quero fazer isso"; "Sinto muito. Já lhe disse que não". Tudo isso sem nos irritarmos e nos mantendo firmes em nossa posição.
5. Às vezes, pode acontecer que, ao nos recusarmos a realizar o pedido, a outra pessoa se sinta irritada ou revoltada com nossa decisão. Se essa situação ocorrer, entender e respeitar esse desconforto, sem nos irritarmos. Podemos expressar nossa compreensão de seus sentimentos com frases empáticas como: "Eu entendo que você esteja incomodado" ou "É normal que você se sinta chateado".

FAZER E RECUSAR PEDIDOS E O *BULLYING*

Para o educador

O educador explica ao grupo a relação entre o *bullying* e a habilidade de fazer pedidos e a de dizer "não", levando em conta estilos de comportamento e incentivando a participação em grupo. Por exemplo: "Como você acha que o agressivo, o passivo e o assertivo respondem quando querem fazer um pedido?"; "Como você acha que o agressivo, o passivo e o assertivo respondem quando querem recusar um pedido?". As explicações sobre *bullying* e fazer e recusar pedidos a seguir podem servir como guia. Parece óbvio que ao longo de nossas vidas se desenvolva a capacidade de *pedir coisas ou favores* aos outros de forma natural, já que há muitas situações em que temos que colocá-lo em prática. No entanto, descobrimos que a habilidade de dizer "não" é mais difícil de aprender, mesmo na vida adulta. Esse obstáculo no desenvolvimento pode ser devido a diferentes elementos, como o sentimento de culpa por se recusar a fazer o que nos pedem, que está ligado à dificuldade de autoafirmação dos próprios direitos individuais, no caso, dizer "não", ou o medo de que os outros nos rejeitem ou fiquem irritados com nossa recusa. No ambiente escolar, são inúmeras as situações em que temos que aplicar essas habilidades sociais, uma vez que não ter essas habilidades favorece a criação de cenários relacionados ao *bullying* em que, mais uma vez, os estilos de comportamento passivo e agressivo estão relacionados à vítima e ao agressor, respectivamente.

A criança vítima de *bullying* precisa inevitavelmente da ajuda de outras pessoas, tanto dos colegas quanto dos adultos responsáveis (pais ou responsáveis legais e professores). A falta de assertividade da vítima, com comportamentos mais *passivos*, faz com que ela não peça ajuda, principalmente por medo de que esse comportamento se volte contra ela e de que o agressor ou agressores respondam com ações mais violentas do que o habitual. Muitas vezes, a vítima não se mobiliza a pedir ajuda, pois acredita que fazê-lo é típico de pessoas fracas e que seria mostrar-se vulnerável aos outros e, assim, admitir que não é capaz de resolver o problema sem os demais. Há também o medo da rejeição ou negação dessa ajuda. Portanto, as necessidades e os desejos da vítima são relegados a segundo plano, ora por desconhecimento, ora por medo de pedir o que deseja.

A criança que se comporta passivamente muitas vezes cede aos pedidos, sejam eles honestos ou desonestos. Isso faz com que os outros a vejam como facilmente manipulável e possam percebê-la como um "fantoche". A vítima se acostuma a se submeter ao que os outros dizem ou ao que pensa que os outros esperam dela. Dizer "não" se tornaria uma das habilidades mais importantes para lidar com o *bullying*, para que os outros não a pressionem a fazer coisas que não quer fazer ou para frear comportamentos intimidatórios.

A criança com comportamentos *agressivos* acredita ser autossuficiente e acha que não precisa da ajuda de outras pessoas. Talvez por isso não goste de receber favores. O abusador não pede coisas; ele as exige, porque acredita que os outros têm de responder às suas demandas, sem questioná-las e de maneira submissa. Ele usa manipulação e pressão para fazer valer sua vontade. Tem baixa tolerância a rejeições, mostrando-se agressivo e hostil quando alguém diz "não" a algo. A pessoa agressiva não leva em conta os direitos dos demais.

A criança com comportamentos *assertivos* sente-se autoconfiante. Ela está ciente de que todos nós precisamos da ajuda uns dos outros em inúmeras ocasiões. Quando se depara com situações de violência, quando se sente afetada ou assustada, não hesita em pedir ajuda ou comunicar a um adulto com autoridade, por isso raramente se envolve em situações de *bullying*. No entanto, ela pode fazer parte do círculo de testemunhas indiretas de tais agressões. Embora geralmente tenhamos que aprender a nos opor ao abusador com estratégias assertivas, muitas vezes descobrimos que elas não são suficientes para detê-lo. Nesses casos, a criança com um estilo de comportamento assertivo pede a ajuda de um adulto para resolver o problema. Quando se pede que a pessoa assertiva faça algo, ela analisa a situação levando em conta seus próprios direitos e os dos outros. Se achar adequado recusar o pedido, expressa sua recusa de forma direta, segura e amigável. Se um abusador pede que ela faça algo que considera mesquinho e pernicioso, responde diretamente com um sonoro "não" e pode até pedir ajuda a um adulto se achar que o pedido pode ser perigoso para alguém. As testemunhas assertivas são muito importantes para ajudar as vítimas de *bullying*, pois são as primeiras a serem capazes de detectar aquela situação abusiva e denunciá-la a familiares ou professores.

Muitas testemunhas de *bullying* também apresentam comportamentos passivos semelhantes aos da vítima. Elas tendem a ficar caladas e não ajudam a vítima nem pedem ajuda por medo de que o agressor ou agressores as vejam como "dedo-duro" ou delatores; além disso, têm medo de se tornarem as próximas vítimas. A maioria delas também tem dificuldade em recusar pedidos e se submete à vontade do agressor ou agressores fazendo o que eles pedem. Assim, por exemplo, se o agressor pedir que insultem a vítima, elas farão isso. Se disser para trancá-la no banheiro, elas cederão, mesmo que considerem isso um tratamento desumano e moralmente prejudicial. Elas têm medo de ficar na mira dos agressores.

EXEMPLOS DE COMO FAZER E RECUSAR PEDIDOS

Para o educador

O educador apresenta alguns exemplos de situações em que se devem fazer e recusar pedidos. Os alunos terão de responder a estas situações: "Escutem alguns exemplos que vou apresentar a seguir em que se deve fazer e recusar um pedido. Vocês precisam pensar em como irão responder".

Exemplos de situações em que se devem fazer pedidos:

1. O professor pediu para fazer um trabalho com o colega de nossa escolha.
   Fazer um pedido: "Você quer fazer o trabalho comigo?".

2. Ficamos sabendo que alguns colegas criaram um grupo de WhatsApp para combinar encontros nos fins de semana. Gostaríamos de fazer parte do grupo.
   Fazer um pedido: (Aproximamo-nos de um colega que sabemos que faz parte daquele grupo e dizemos) "Olá, eu ouvi dizer que vocês fizeram um grupo de WhatsApp para combinar coisas e eu gostaria de fazer parte dele; seria possível?".

3. Olívia descobriu que um grupo de meninas está planejando trancar Yasmim, que é uma garota da outra turma, no banheiro durante o recreio. Olívia quer pedir ajuda a um adulto.
   Fazer um pedido: "Professora, ouvi dizer que querem trancar uma menina da outra turma no banheiro. Você poderia ajudá-la?".

4. Samuel e seus comparsas esconderam a mochila de João. Ele está desesperado porque não consegue encontrá-la. Ele gostaria de pedir ajuda a dois de seus colegas.
   Fazer um pedido: "Vocês poderiam me ajudar a procurar minha mochila? Samuel e outros meninos a esconderam e não consigo encontrá-la. Obrigado".

5. Três rapazes mais velhos que Ana a estão seguindo e a intimidando na rua.
   Fazer um pedido: (Encontrar um adulto ou alguém que imponha autoridade) "Desculpe-me! Uns garotos estão me seguindo e não param de me incomodar. Poderia me ajudar?".

Exemplos de situações em que se deve recusar um pedido e é preciso decidir se é um pedido honesto ou desonesto:

1. Camila nos pediu para ignorar Larissa porque não gosta dela.
   Recusar o pedido desonesto: "Camila, não vou fazer o que você está me pedindo. A Larissa é uma boa colega".

2. Marcos disse a Fernando que se ele quiser fazer parte de seu grupo, ele tem que escrever sua redação de inglês.
   Recusar o pedido desonesto: "Marcos, não vou escrever a redação para você. Se você quiser, eu posso ajudá-lo, mas não vou escrevê-la para você".

3. Nossa amiga Sara nos pediu para emprestar nosso novo jogo de karaokê durante o fim de semana.
   Recusar o pedido honesto: "Sara, eu ainda quero brincar com ele por um tempo, mas mais adiante eu posso emprestá-lo para você".

4. Caio pede ajuda a Bianca para resolver um problema de matemática, mas Bianca não pode naquela hora porque tem de terminar a lição de casa.
   Recusar o pedido honesto: "Sinto muito, Caio, não posso agora, mas quando terminar minha lição de casa vou ajudá-lo".

5. Pedro cuspiu em João Vitor e nos pede para fazer o mesmo.
   Recusar o pedido desonesto: "Pedro, eu não vou cuspir nele e você também não deveria ter feito isso".

ATIVIDADE PRÁTICA

Para o educador

O educador lê a história *Sofia e seu "não"* e entrega cópias dela para os alunos, Anexo 8. Em seguida, o educador apresenta questões sobre o texto. É aconselhável fazer a atividade em grupos de duas ou três pessoas. Uma vez que os alunos tenham concluído a tarefa, ela será apresentada em voz alta para toda a turma, a fim de que se discuta cada uma das respostas dadas.

Leia a história e responda às perguntas relacionadas a ela.

História: Sofia e seu "não"

Sofia era uma menina feliz, que gostava de animais e passava o dia brincando com o irmão e amigos da vizinhança. No entanto, ir à escola sempre lhe causava nervosismo, desconforto e muita insegurança, não somente por não ser muito boa em matemática, mas, principalmente, porque desde o ensino fundamental, Virgínia, uma de suas colegas, tinha se transformado na "mandona" do grupo. Virgínia era uma menina bonita que sempre quis ser a que mais se destacava em sala de aula, mostrando-se extrovertida com todos os seus colegas e professores. Seus comportamentos em relação aos outros variavam dependendo do quanto gostava deles. Assim, por exemplo, mostrava-se gentil e sorridente com Felipe porque gostava dele, mas com Lucas, que era repetente, tinha atitudes cruéis e ofensivas. Era ela quem tomava todas as decisões: o que jogar, o que falar, quem odiar ou quem defender.

Os primeiros anos com Virgínia foram mais suportáveis; bastava dar a ela parte do seu sanduíche, rir de suas piadas e agradá-la com alguns comentários positivos sobre suas roupas ou aparência física. Sofia foi uma das que mais conseguiu agradá-la, adotando um comportamento agradável e submisso em relação a Virgínia, que a recompensava sendo sua amiga favorita. No entanto, Virgínia desprezava Maria sem qualquer motivo razoável, agindo mal em relação a ela, de modo que qualquer coisa que acontecesse, Maria era a mais prejudicada, sempre.

Maria era uma menina magra, de aparência frágil e um tanto tímida. Com o passar dos anos, Sofia e Maria se tornaram grandes amigas, a ponto de se encontrarem algumas tardes e compartilharem longas conversas por telefone ou WhatsApp. Um dia, Virgínia descobriu essa amizade e ficou furiosa, pedindo que Sofia deixasse de ser amiga de Maria se não quisesse prejudicar a relação com ela. Sofia, por medo de se tornar o centro do desprezo e da humilhação de Virgínia, acabou cedendo à sua chantagem. A raiva de Virgínia contra Maria cresceu e, às vezes, ela pedia a Sofia que usasse expressões depreciativas e humilhantes como "palito de dente", "esquelética" ou "anoréxica" para se referir a Maria. Entre o grupo de colegas também estavam Júlio, Yuri, Marina, João Pedro, Helena e

Fernanda. Virgínia pediu para todo o grupo deixar Maria isolada, fazendo circular boatos sobre ela e, agora, eles também não gostavam dela.

Maria começou a se fechar cada vez mais; ao chegar em casa, entrava no quarto e chorava em segredo, não queria sair e não conseguia dormir à noite. Às vezes, a barriga doía tanto que ela nem conseguia comer. Os pais, preocupados com o comportamento estranho, perguntaram-lhe se havia algo de errado; ela respondeu que não, que apenas estava preocupada com as provas. Certa vez, uma professora a viu sozinha durante o recreio no parquinho e perguntou se ela precisava de ajuda, ao que Maria, temendo o que poderiam pensar dela, disse que não.

Meses se passaram e a situação continuou. No entanto, Sofia e Maria recuperaram a amizade, mas em segredo. Diante de Virgínia, Sofia fazia o papel de inimiga de Maria, mas à tarde elas conversavam e até se viam e se divertiam juntas. Ambas fantasiavam sobre como enfrentar Virgínia, mas ficava apenas nisso, desejos. Maria às vezes pedia à amiga que ficasse com ela no recreio, mas Sofia não conseguia. Maria compreendia o medo que Sofia tinha de Virgínia, e por isso nunca a censurou por nada.

A maturidade e a passagem do tempo fizeram com que Júlio, Marina e Helena parassem de participar dos caprichos agressivos da colega Virgínia, chegando a se distanciar dela. Consideravam excessivo o comportamento da colega com Maria, aquela menina frágil que vagava sozinha pelo pátio e sonhava que um dia seria capaz de enfrentar sua opressora. Em algum momento eles diziam a ela: "Você está indo longe demais", "Vou parar de fazer o que você está me pedindo, Virgínia", mas Virgínia, longe de ouvir e parar com suas maldades, continuou com seus comportamentos e, agora, contava com três colegas a menos.

Yuri, Fernanda e João Pedro habituaram-se a seguir as ordens da colega tirânica e, assim, para atender aos seus constantes pedidos, chegaram a fazer piadas pesadas com Maria, escrever bilhetes ofensivos, puxar-lhe a cadeira para que ela caísse, esconder-lhe coisas e insultá-la. Sofia, sofrendo cada vez mais por participar desse desequilíbrio de forças entre Maria e os demais, começou a ficar zangada, sentindo-se frustrada e com raiva de si mesma por não conseguir defender a amiga querida, e apesar de continuar sendo a favorita de Virgínia, ela a odiava por ter comportamentos tão agressivos.

Certo dia, quando o ano letivo estava chegando ao fim, Sofia sussurrou para Maria: "Espere por mim hoje no recreio". O sinal tocou e todos saíram para o pátio como de costume, mas havia algo estranho. Virgínia estava com Yuri, Fernanda e João Pedro, mas ninguém sabia onde estava a amiga Sofia. Surpresos com sua ausência, foram procurá-la. Virgínia congelou quando viu Sofia e Maria juntas, em frente à quadra de futebol, assistindo ao jogo de seus colegas. Virgínia foi até elas e repreendeu Sofia: "O que você está fazendo? Venha com a gente!". Sofia simplesmente respondeu: "Não! Estou com minha amiga!". E não precisou dizer mais nada.

Perguntas sobre a história:

1. De acordo com os estilos de comportamento passivo, agressivo e assertivo, onde você encaixaria cada um dos protagonistas da história? Que tipos de comportamentos passivos, agressivos e assertivos aparecem na história?
2. Na história, há algumas situações em que aparece a habilidade de fazer e recusar pedidos; você poderia identificá-las? Que tipos de pedidos são honestos ou desonestos?
3. Ao longo da história, há inúmeras situações em que pedidos honestos poderiam ter sido feitos e pedidos desonestos poderiam ter sido recusados para melhorar a situação de Maria. Você poderia identificá-las? Como você realizaria esses pedidos honestos? Como você recusaria pedidos tão desonestos?

VIII. SESSÃO 6.
EXPRESSAR E LIDAR COM CRÍTICAS

Objetivos da sessão

- Aprender a diferenciar entre críticas bem-intencionadas e mal-intencionadas.
- Saber expressar críticas e perder o medo de fazê-lo.
- Saber lidar com críticas bem-intencionadas e mal-intencionadas.
- Conhecer os benefícios de expressar críticas bem-intencionadas.
- Aprender a respeitar os outros e a ser respeitado.
- Conhecer os benefícios de saber lidar com críticas bem-intencionadas e mal-intencionadas.
- Aprender a fazer e lidar com críticas para prevenir o *bullying*.

Desenvolvimento da sessão

- O que é expressar e lidar com críticas?
- Vantagens de expressar e lidar com críticas.
- Como expressar críticas e como lidar com elas.
- As críticas e o *bullying*.
- Exemplos de como expressar críticas e como lidar com elas.
- Atividade prática.

O QUE É EXPRESSAR E LIDAR COM CRÍTICAS?

A convivência com pessoas próximas é constante, e passamos muito tempo com familiares, amigos, colegas, professores, etc. Essa companhia faz com que tenhamos que aprender a nos entender, já que cada um de nós tem gostos, hábitos e formas de pensar diferentes.

Ao longo de nossas vidas nos depararemos com inúmeras situações em que alguém faz ou diz algo de que não gostamos ou com o que não concordamos, o que nos "provoca" desconforto. Outras vezes somos nós que podemos "provocar" desconforto no outro. O objetivo desta sessão é expressar o que não gostamos na outra pessoa para conseguir uma mudança em seu comportamento, bem como saber como responder quando é a outra pessoa que expressa algum tipo de desconforto em relação ao nosso comportamento. Esse tipo de situação está relacionado às habilidades de expressar críticas e de lidar com elas.

> **Para o educador**
>
> O educador apresenta as duas habilidades sociais que serão trabalhadas neste dia e pergunta aos alunos o que eles entendem por *expressar críticas* e *lidar com elas*, para que eles possam explicar com suas próprias palavras a definição dessas habilidades ("O que significa para você fazer uma crítica?", "O que significa lidar com críticas?").
>
> Eles são encorajados a dar diferentes exemplos de situações da vida real em que tiveram que criticar alguém ou alguém os criticou e como eles lidaram com isso ("Você pode citar coisas que os outros fazem e que o incomodam?", "Você pode dar um exemplo de uma situação em que teve que fazer uma crítica ou lidar com ela?", "Como você fez isso?", "O que você disse?", "Como a outra pessoa reagiu?").
>
> Em seguida, o educador explica o que é *expressar uma crítica* e o que é *lidar com uma crítica*, bem como a diferença entre crítica bem-intencionada, mal-intencionada e duvidosa ou mal-expressa. As explicações dadas na primeira parte deste capítulo podem servir como guia.

Expressar uma crítica é pedir a alguém que pare de fazer algo de que não gostamos. Podemos expressá-la por meio de um sentimento negativo, como tristeza, raiva ou decepção, com o objetivo de fazer com que a outra pessoa mude o comportamento que nos causa aquele desconforto. Assim, podemos expressar uma reclamação quando um colega pega nossas coisas sem nossa permissão ou quando alguém nos chama por um apelido de que não gostamos. O objetivo não é punir o outro, mas fazer com que ele mude o comportamento que nos desagrada, de modo que se torna especialmente relevante a forma como o dizemos, controlando nossa reação emocional para continuar mantendo bons relacionamentos. Assim, por exemplo, se um colega riscou nossa mesa com um lápis, podemos expressar nosso desagrado a ele de forma séria, mas descontraída ("Eu não gostei que você riscou minha mesa. Por favor, não faça isso novamente") em vez de usar insultos ou desqualificando sua personalidade ("Você é um porco! Olha como você deixou a minha mesa.").

Há muitas ocasiões em que não nos arriscamos a fazer uma crítica, pois nosso ouvinte pode ficar com raiva de nós, não queremos magoá-lo, tememos que ele reaja agressivamente, temos medo de perder sua amizade ou de estragar o relacionamento com ele. A verdade é que, às vezes, a pessoa não reage bem às nossas críticas, mas se essa crítica for formulada corretamente, temos uma chance maior de que não seja assim e, além disso, que essa pessoa mude o comportamento que estamos pedindo.

Quando se trata de criticar, temos que ser muito seletivos e não devemos ficar o tempo todo criticando tudo aquilo de que não gostamos nos outros. Ninguém gosta de ser sistematicamente criticado; os outros podem achar que somos uns reclamões e irão acabar ignorando o que pedimos. Devemos expressar as críticas que são realmente importantes, porque nos causam desconforto significativo, pois do contrário poderemos ficar ressentidos com a pessoa e a relação irá se deteriorar.

Lidar com uma crítica é a forma como reagimos quando alguém nos critica. Todos nós, em algum momento de nossas vidas, recebemos algumas críticas e sabemos que isso não é uma coisa agradável. A forma como reagimos pode nos levar a resolver um problema ou gerar um conflito. Assim, por exemplo, se um colega repreende outro por ter copiado sua lição de casa sem pedir permissão e o outro reage dizendo algo como: "Eu faço o que quero e vou continuar fazendo!", é muito provável que uma discussão seja gerada e a relação entre os dois possa ser afetada. Quando nos encontramos em uma situação em que alguém nos critica, devemos controlar nosso estado emocional, mantendo a calma, para facilitar a comunicação com essa pessoa e não deteriorar o relacionamento com ela.

Três maneiras errôneas de reagir às críticas são: a) contra-atacar nosso interlocutor com um comentário ofensivo, às vezes mais duro; b) negar veementemente aquilo pelo qual estamos sendo criticados; e c) aceitá-la sem mais delongas, sem avaliar se há ou não verdade nela.

Para aprender a lidar com as críticas, temos que saber diferenciar as críticas bem-intencionadas das mal-intencionadas. Dizemos que uma crítica é *bem-intencionada* quando o objetivo é resolver um problema, quando explica por que aquilo que foi feito ou dito está causando desconforto e quando visa modificar algum comportamento específico. Esse tipo de crítica serve a um bom propósito, pois tenta mudar comportamentos que causam danos às pessoas. Por exemplo, quando sua mãe entra no seu quarto e diz: "Olha como você deixou seu quarto. Você é muito bagunceiro" ou quando um amigo lhe diz: "Você é um desastre, não fez sua parte do trabalho de Ciências", você está recebendo uma crítica bem-intencionada. Já a crítica mal-intencionada é aquela que ofende ou magoa a outra pessoa, carece de empatia e costuma ser expressa para destacar eventuais erros, fraquezas ou defeitos da pessoa. Em geral podemos identificar uma crítica mal-intencionada porque o tom de voz da pessoa é ofensivo, debochado ou irônico, como, por exemplo, "Gorda desse jeito, é impossível jogar handebol" ou "Você está usando roupas de mendigo".

Quando temos de fazer uma crítica, é óbvio que só devemos emitir as bem-intencionadas. Expressar críticas mal-intencionadas levaria a conflitos com os outros e à perda de relacionamentos. Mas quando falamos sobre a habilidade de lidar com críticas, podemos receber ambos os tipos de críticas, às quais, dependendo de sua boa ou má intenção, responderemos de uma forma ou de outra. Pode acontecer que quando recebemos uma crítica não saibamos definir muito bem de que tipo ela é, se bem-intencionada ou mal-intencionada, porque foi mal formulada pelo seu emissor. Este tipo é chamado de crítica *duvidosa* ou *mal-expressa*. Algumas das críticas que recebemos pertencem a essa categoria, pois, em geral, as pessoas não sabem expressar as críticas corretamente e, quando criticam, usam mensagens vagas, sem deixar claro o que está sendo feito de errado, como, por exemplo, "Você é egoísta" ou "Você faz tudo errado". Contudo, o fato de uma crítica ter sido mal-expressa não significa que ela seja mal-intencionada. Aprender a discernir o tipo de crítica que chega até nós é o primeiro passo para dominar essa habilidade.

VANTAGENS DE EXPRESSAR E LIDAR COM CRÍTICAS

> **Para o educador**
>
> O educador faz as seguintes perguntas aos alunos:
>
> — Por que é importante expressar críticas?
> — Por que é importante saber lidar com críticas?
> — Quais as vantagens de aprender essas habilidades?
>
> Juntos, chegam a um consenso nas respostas, estimulando a reflexão.

As críticas servem para expressar o que pensamos e sentimos, ao mesmo tempo que respeitamos o que os outros pensam e sentem. Criticar e ser criticado, sendo honestos e respeitosos conosco e com os outros, nos ajudará a administrar os conflitos interpessoais com maior sabedoria, fortalecendo nossa autoestima.

Aprender a habilidade de *expressar críticas* da maneira adequada oferece uma série de vantagens. Algumas delas são as seguintes:

- Aumentamos a probabilidade de mudar os comportamentos prejudiciais dos outros.
- Sentimo-nos melhor em relação a nós mesmos porque podemos expressar o que pensamos e sentimos.
- Expressamos nossa raiva ou desconforto, diminuindo a probabilidade de que a outra pessoa reaja defensivamente.
- Reduzimos o ressentimento que é gerado quando alguém faz algo de que não gostamos.
- Elevamos nossa autoestima, melhorando nossa segurança e autoconfiança.
- Incentivamos os outros a nos respeitarem.
- Nossas relações pessoais se tornam mais satisfatórias.

Aprender a habilidade de *lidar com críticas* oferece uma série de vantagens. Estas são algumas:

- Aprendemos a dominar nossas reações e emoções negativas.
- Diminuímos a probabilidade de nos envolvermos em brigas e discussões.
- A frequência com que nos fazem críticas mal-intencionadas é reduzida.
- Dá-nos a oportunidade de compreender os outros e aceitar pontos de vista diferentes dos nossos.
- Adquirimos a capacidade de corrigir erros quando os cometemos.
- Resolvemos problemas.
- A relação com os outros será mais satisfatória e saudável.

COMO EXPRESSAR CRÍTICAS E COMO LIDAR COM ELAS

> **Para o educador**
>
> O educador entrega aos alunos a folha "Como expressar críticas e como lidar com elas", que pode ser encontrada no Anexo 9. São explicados ao grupo os passos para realizar as habilidades corretamente. As explicações dadas a seguir sobre como expressar e lidar com críticas podem servir como guia.

Colocar em prática as habilidades de expressar e lidar com críticas traz segurança e confiança para nosso dia a dia. Estamos continuamente interagindo com pessoas, cada uma com opiniões, experiências e valores diferentes que podem provocar respostas e emoções conflitantes. As críticas são inevitáveis, não importa quais sejam suas intenções ou de onde venham. Portanto, fazer e lidar com críticas são habilidades sociais básicas que merecem ser treinadas para que essas experiências não nos influenciem negativamente. Se temos que fazer uma crítica ou lidar com ela, devemos considerar três elementos básicos que nos ajudarão a diferenciar entre uma crítica bem-intencionada e uma mal-intencionada: a) a intenção com que se critica; b) as palavras utilizadas;

e c) a maneira de expressá-las. A seguir, apresentamos uma série de sugestões ou passos comportamentais para realizar as habilidades para fazer e lidar com críticas.

Como expressar uma crítica

1. Determine se vale a pena fazer a crítica. Expressamos aquelas críticas importantes e que visam resolver um problema.
2. Escolha o momento certo para ambas as partes, de preferência a sós. Se um ou outro estiver com muita raiva, adie por tempo suficiente até recuperar o controle emocional.
3. Aproxime-se da pessoa e mantenha contato visual, com o rosto sério, mas relaxado. Use um tom de voz firme, mas evite gritar, desqualificar, ameaçar ou insultar.
4. Em situações cotidianas em que a outra parte não está agindo com más intenções, podemos expressar críticas usando a seguinte fórmula: mensagem positiva + sentimento negativo + pedido de mudança. Isso é explicado com mais detalhes a seguir:

    Devemos começar com uma *mensagem positiva*, algo que valorizamos no relacionamento com essa pessoa ("Você é um bom amigo"; "Eu me divirto muito com você"; "Eu gosto de sair com você") ou ter empatia com a outra pessoa, entendendo o motivo que a levou a se comportar dessa forma ("Eu sei que você gosta de fazer piadas"; "Eu entendo que você está passando por um momento difícil"; "Eu sei que você não está fazendo isso com más intenções"). Na sequência, expressamos o sentimento negativo, explicando em primeira pessoa como nos sentimos e o comportamento que nos incomoda ("Me incomoda quando você grita comigo"; "Fico triste quando você não faz o trabalho de aula comigo"; "Estou chateado por você ter pisado na minha mochila"). Por último, podemos finalizar com o pedido de mudança, ou seja, o que gostaríamos que aquela pessoa deixasse de fazer, ou propomos alternativas para resolver o que nos afeta, porém sem exigir a mudança ("Gostaria que você fizesse o trabalho comigo da próxima vez"; "Peço que não volte a fazê-lo"; "Eu tinha pensado que você poderia me ajudar a arrumar o que você estragou").

Vejamos um exemplo: um amigo de turma nos acusou injustamente de delatar ao professor um fato ocorrido em sala de aula. Nós dizemos: "Você é um bom colega e eu gosto muito de você, mas fiquei muito chateado por estar me culpando por algo que eu não fiz. Eu gostaria que você falasse comigo da próxima vez antes de me acusar".

5. Em situações em que a outra parte tem uma intenção prejudicial, você pode omitir a mensagem positiva da fórmula no item anterior e expressar apenas o sentimento negativo ou o pedido de mudança.

Exemplo: Um colega pisou intencionalmente em nossa jaqueta. Nós dizemos: "Não pise na minha jaqueta novamente".

Como lidar com uma crítica

1. Escutar o que a outra pessoa tem a dizer sem interromper.
2. Manter a calma para não se arrepender de reações impulsivas.
3. Determinar se é uma crítica bem-intencionada, mal-intencionada ou duvidosa/mal-expressa.
4. Se a crítica é *bem-intencionada*, ou seja, reconhecemos que a crítica não tem a intenção de nos prejudicar ou mesmo nos ridicularizar, mas sim de resolver um problema, então é hora de parar e avaliá-la objetivamente e tentar não ficar na defensiva. Interpretamos a crítica como uma opinião da pessoa que a emite e que nos sugere fazer as coisas de uma forma diferente para melhorar. Se concordarmos com o que nos dizem, o honesto e assertivo seria aceitar as críticas. Podemos usar expressões como "Você tem razão"; "Perdoe-me. Eu não sabia que isso o incomodava"; "Não voltarei a fazê-lo". Se não concordamos com as críticas ou achamos que estão erradas, devemos dizê-lo, sem agressividade, usando expressões como "Não concordo com o que você está dizendo"; "Entendo sua raiva, mas eu não estava lá"; "Sinto muito, mas você está errado".

5. Se a crítica é *mal-intencionada*, achamos que o comentário não tem nada a ver conosco, que é expresso com o único objetivo de ferir e magoar. Para que a pessoa que nos ataca não pense que está ganhando, devemos mostrar a ela que não está nos machucando com sua ofensa. Como diz o ditado: "Para palavras tolas, ouvidos surdos". Nesse caso, nossa resposta pode ser a indiferença. Dessa forma, conseguimos não dar protagonismo a quem não merece. Quando recebemos essas críticas, é útil falar com um tom de voz neutro (nem gritar nem responder com um tom baixo que mal se ouve) e exibir um comportamento seguro, tranquilo e indiferente, de modo que o outro veja que não nos importamos. Por exemplo, se alguém nos diz que somos péssimos no handebol, respondemos "Se você acha" ou "Eu não posso ser bom em tudo"; quando alguém nos diz que parecemos um robô com o aparelho nos dentes, podemos dizer "E você com isso?" ou "Eu não me importo de parecer um robô". Se nosso colega diz que estamos parecendo loucos por causa do novo corte de cabelo, podemos responder algo como "Você está certo, eu pareço um pouco louco" ou "Eu amei meu novo corte de cabelo".

6. Se a crítica for *duvidosa* ou *mal-expressa*, podemos pedir-lhe que mude a forma como expressa o que diz. Por exemplo, "Eu realmente não entendi por que você está chateado" ou "Você deveria se explicar um pouco melhor porque não consegui entendê-lo". Também podemos pedir que a pessoa nos dê mais informações sobre essa crítica, para que possamos identificá-la como crítica bem-intencionada ou mal-intencionada e responder de acordo. Quando confrontados com críticas muito vagas, tais como: "Você é uma pessoa ruim", podemos perguntar: "A que você se refere quando diz que sou uma pessoa ruim?". Se ela justifica a crítica, seria uma crítica bem-intencionada, como "Pedi sua ajuda com o dever de matemática e você não me deu bola". Se não justificar, seria uma crítica mal-intencionada, do tipo: "Eu não gosto do jeito que você é e pronto!" e nós responderíamos de acordo.

7. Se considerarmos que a pessoa está visivelmente alterada e nós também, podemos propor adiar a resposta à sua crítica para outro momento: "Acho que ambos estamos muito zangados. Seria melhor conversarmos depois".

AS CRÍTICAS E O *BULLYING*

> **Para o educador**
>
> O educador explica ao grupo a relação entre o *bullying* e a habilidade de expressar e lidar com críticas, levando em conta os estilos de comportamento e incentivando a participação do grupo. Por exemplo:
>
> — Como você acha que uma criança com perfil agressivo reagiria na hora de expressar ou receber críticas?
> — E o menino ou menina com um estilo passivo de comportamento?
> — E os assertivos?
> — Como as vítimas de *bullying* se comportam quando precisam fazer críticas?
> — E quando elas as recebem?
> — Como os agressores se comportam diante das críticas?
>
> As explicações dadas a seguir sobre *bullying* e a habilidade de expressar e lidar com críticas podem servir como guia.

O *bullying* tem aspectos muito preocupantes devido às consequências que traz para os envolvidos nesse fenômeno. Tanto os abusadores quanto a vítima e as testemunhas são afetados por danos psicológicos e emocionais que podem influenciar negativamente o desenvolvimento de suas personalidades. Lembramos que os efeitos negativos dependerão de variáveis como o tipo de abuso, a intensidade, a permanência ao longo do tempo e a presença ou ausência de apoio do grupo. Uma das habilidades sociais mais importantes que devemos aprender é como lidar com críticas. As crianças passam muitas horas na escola com seus colegas. Elas têm desentendimentos diários, muitos dos quais levam a brigas. A base para resolver esses problemas sem que haja situações de abuso de poder encontra-se na forma de expressar e lidar com as críticas.

A criança com perfil *agressivo* é a que tem mais chances de se tornar um futuro agressor no ambiente escolar. Buscando destaque, reconhecimento social, diversão e superioridade à custa dos outros, ela pode encontrar o alvo perfeito em outra criança, criticando-a e sentindo-se assim poderosa e feliz diante da submissão de sua vítima. A partir desse momento, o abusador não quer abandonar seu *status* de poder e tem prazer em repetir comportamentos que agridem e humilham seu colega, corroendo gradualmente sua autoestima. Além de tais comportamentos não receberem nenhum tipo de sanção, nem por parte da vítima nem por parte das testemunhas, em muitas ocasiões eles ainda são aplaudidos por alguns observadores, o que só faz aumentar a violência. A fonte de poder do agressor emana de críticas mal-intencionadas à sua vítima, que é humilhada, ridicularizada, insultada, responsabilizada por erros, depreciada por sua aparência física, etc., além de ter seus defeitos destacados. Em outras palavras, é por meio de tais críticas que o agressor consegue reafirmar seu próprio valor pessoal.

A pessoa agressiva não sabe lidar com críticas, sejam elas bem-intencionadas ou mal-intencionadas, e reage de forma defensiva a qualquer uma delas. Em sua concepção, os outros devem servi-la. A criança que pratica *bullying* geralmente recebe poucas críticas de seus pares. Pouquíssimos se arriscam a enfrentá-la dizendo o que pensam, principalmente por causa do medo de sofrer algum contra-ataque desproporcional de seu colega agressivo. A crítica bem-intencionada que pode receber é interpretada como um ataque e, portanto, responde se defendendo com uma ofensa maior ou podendo se vingar de quem considera seu rival: "Ou você está comigo ou você está contra mim".

É difícil para uma criança com um perfil *passivo* confiar em alguém. Sua dificuldade em fazer amigos, aliada ao seu sentimento de insegurança e inferioridade e à incapacidade de se defender, podem levar a situações de desequilíbrio de poder em que os abusadores a escolhem como alvo mais fácil. Ela não costuma fazer críticas aos seus agressores, geralmente por medo da reação dos outros ou de sofrer rejeição.

Em situações de *bullying*, quando o agressor critica duramente a vítima com a intenção de machucá-la e ridicularizá-la, a vítima fica insegura, se cala e encolhe os ombros, olhando para baixo angustiada, mostrando submissão ao agressor. Esse gesto costuma ser suficiente para o agressor achar que está ganhando e, com isso, ele alcança seu objetivo. Quanto mais vezes a vítima reagir passivamente, mais insegura se sentirá em situações futuras. Às vezes, a vítima devolve a crítica ao agressor com algum comportamento semelhante que, embora pareça adequado em curto prazo, pode agravar o problema, pois, na realidade, ao responder com uma agressão, a vítima está mostrando ao agressor que se sentiu afetada. Assim, em médio ou longo prazo o agressor continuará perpetuando esse comportamento para atingir seu objetivo de causar dano ou ferir a vítima. Em alguns desses casos em que a vítima provoca o abusador, o agressor pode aproveitar para denunciá-la ao professor, dificultando que os adultos responsáveis pela sala de aula percebam o *bullying*.

A criança com perfil *assertivo* expressa críticas bem-intencionadas aos seus pares, omitindo as mal-intencionadas por considerá-las mesquinhas e prejudiciais à manutenção de boas relações com os outros. Se alguém a ofende ou faz com que se sinta mal, ela expressa seu desconforto. Mostra coragem suficiente para enfrentar adequadamente um instigador de *bullying*. A pessoa assertiva sabe como agir quando o agressor tenta zombar, ridicularizar ou humilhá-la, mostrando aparente segurança (mesmo que esteja morrendo de medo por dentro), fingindo indiferença quando provocada, ou respondendo com calma e firmeza quando o agressor a incomoda ("Eu não sou o que você pensa!"). Em raras ocasiões a pessoa assertiva é vítima de *bullying*, pois suas habilidades sociais a ajudam a estabelecer limites ante os agressores, confrontá-los ou pedir ajuda a alguém em seu ambiente próximo (amigos, professores ou familiares) quando considera que, sozinha, não tem como enfrentar a situação.

Quando fazemos uma crítica a uma pessoa, não está garantido que o resultado será o esperado e, portanto, que a outra pessoa deixará de fazer o que não gostamos. Porém, independentemente do resultado, estaríamos dando um passo muito importante na direção de superar o medo de enfrentar nosso agressor cara a cara. Esse treinamento de crítica muitas vezes é eficaz para encontros futuros com essa pessoa nos casos em que o *bullying* persiste. Às vezes, é perigoso enfrentar o abusador de forma assertiva, porque podemos sofrer algum dano e piorar a situação. Por exemplo, pode ser contraproducente enfrentar o abusador quando a circunstância envolve ameaça de violência física e sabemos que ela pode ser colocada em prática, quando o agressor aparece em uma gangue ou quando não nos sentimos confiantes em nós mesmos. No entanto, quando comportamentos assertivos não dão o resultado esperado, as agressões do abusador são mantidas ao longo do tempo e não há ninguém que possa nos ajudar a fazer com que esses comportamentos agressivos contra nós desapareçam, aprender algumas técnicas de defesa pessoal pode ser uma solução extrema para a cessação de tais agressões.

As testemunhas do *bullying* podem muitas vezes exibir comportamentos passivos, sendo incapazes de expressar uma crítica bem-intencionada ao agressor. Tendem a permanecer em silêncio diante das agressões contra a vítima, que consideram exageradas e injustas. Esse silêncio geralmente se deve ao medo de que o abusador as ataque. Há também testemunhas que imitam o agressor com comportamento agressivo. Estas últimas também são responsáveis pela situação de *bullying*.

EXEMPLOS DE COMO EXPRESSAR CRÍTICAS E COMO LIDAR COM ELAS

Exemplos de situações em que a crítica deve ser expressa. Diferencie entre críticas bem-intencionadas e mal-intencionadas:

1. Na biblioteca, um colega não para de conversar, impedindo que nos concentremos.
   Crítica bem-intencionada: "Você está falando muito alto e eu não consigo estudar. Você poderia falar mais baixo, por favor?".

2. Achamos que nosso colega é ruim no handebol.
   Crítica mal-intencionada. Não deve ser expressa.

3. Uma criança de outra turma pega nossa bola no recreio.
   Crítica bem-intencionada: "Por favor, me devolva a bola".

4. Ficamos incomodados porque nossa colega é uma imigrante.
   Crítica mal-intencionada. Não deve ser expressa.

5. Um colega sempre pisa em nossa mochila quando passa por nós.
   Crítica bem-intencionada: "Não sei se você já notou, mas toda vez que passa por mim você pisa na minha mochila e isso me incomoda. Por favor, não faça isso de novo".

Para o educador

O educador apresenta alguns exemplos de situações em que é preciso expressar críticas e lidar com elas. Na primeira parte, os alunos terão que diferenciar uma crítica bem-intencionada de uma mal-intencionada e na sequência, se for bem-intencionada, dizer como essa crítica poderia ser expressa: "Prestem atenção nos exemplos que vou apresentar a seguir em que seria necessário, em primeiro lugar, identificar o tipo de crítica, bem-intencionada ou mal-intencionada, e, em segundo lugar, como essa crítica seria expressa se fosse bem-intencionada". Na segunda parte, o aluno terá que diferenciar entre crítica bem-intencionada, mal-intencionada ou duvidosa/mal-expressa. Depois, saber como responder a essa crítica com base em tal diferença: "Prestem atenção nos exemplos a seguir em que precisamos lidar com uma crítica. Primeiro, seria necessário identificar se a crítica é bem-intencionada, mal-intencionada ou duvidosa/mal-expressa; depois, definir como lidar com ela".

Exemplos de situações em que devemos lidar com uma crítica e dizer se ela é bem-intencionada, mal-intencionada ou duvidosa/mal-expressa.

1. Uma colega de turma não para de nos dizer que somos um "afeminado esquisito".
   Crítica mal-intencionada: "Pense o que quiser. Eu não me importo".

2. Um amigo nos diz que somos muito teimosos.
   Crítica duvidosa ou mal-expressa: "Por que você está me dizendo que sou teimoso?".

3. No final da aula, nossa professora repreende-nos por termos ficado brincando durante suas explicações.
   Crítica bem-intencionada: "Tem razão, professora. Não voltarei a fazê-lo".

4. Um colega de outra turma ri de nós por estarmos usando um moletom um pouco rasgado.
   Crítica mal-intencionada: "Sim, o moletom está um pouco rasgado. E daí?".

5. Na aula, dois colegas riem de nós e nos chamam de lerdos por termos cometido alguns erros na lição de casa.
   Crítica mal-intencionada: "Está tudo bem. Todos nós cometemos erros".

ATIVIDADE PRÁTICA

Aprendendo a lidar com críticas

> **Para o educador**
>
> O educador faz cópias do exercício "Aprendendo a lidar com críticas" do Anexo 10 e distribui uma para cada aluno: "Vou entregar uma folha de papel com um exercício que traz dez situações em que é necessário expressar uma crítica ou lidar com ela. Em primeiro lugar, anote na folha o tipo de crítica e, em segundo lugar, como expressar a crítica ou como lidar com ela". Os alunos terão algum tempo para completar o exercício. Assim que terminarem, as respostas de todos serão apresentadas.

Cada aluno receberá uma cópia do Anexo 10 sobre como expressar e lidar com críticas. Em primeiro lugar, o aluno deve identificar o tipo de crítica e, em segundo lugar, como responder a essa crítica.

Situação 1. Expressar uma crítica
   Nosso colega devolve a borracha manchada toda vez que a emprestamos para ele.
   Crítica bem-intencionada: "Você sabe que eu não me importo de lhe emprestar minhas coisas, mas me incomoda que você me devolva a borracha manchada. Por favor, não faça mais isso".

Situação 2. Expressar uma crítica
   Odiamos quando a esquisita da Beatriz passa por nós.
   Crítica mal-intencionada. Não deve ser expressa.

Situação 3. Lidar com uma crítica
   Uma dupla de meninas da escola nos diz rindo: "Você é um anão!".
   Crítica mal-intencionada: "Não me importo de ser baixinho".

Situação 4. Lidar com uma crítica
   Um colega de outra turma nos diz: "Você fede! Saia daqui".
   Crítica mal-intencionada: "Bem, se o meu cheiro o incomoda tanto, você pode sair daqui".

Situação 5. Expressar uma crítica
   Nosso amigo Gael trata muito mal a Bárbara, que é colega de turma.
   Crítica bem-intencionada: "Gael, você é um grande amigo, mas me incomoda muito a forma como você trata a Bárbara. Ela não fez nada com você. Não faça mais isso".

Situação 6. Lidar com uma crítica
   Luan nos acusou de perder sua caneta marca-texto. Não fomos nós que a perdemos.
   Crítica bem-intencionada: "Eu entendo que você pode estar com raiva por ter perdido sua caneta, mas você está me acusando e não fui eu que perdi".

Situação 7. Lidar com uma crítica
   Marina, nossa colega, nos diz: "Você é uma má pessoa".
   Crítica duvidosa ou mal-expressa: "Por que você está me dizendo que sou uma má pessoa?".

Situação 8. Expressar uma crítica
   Um vizinho, que treina basquete no mesmo horário que o nosso, levou nossos fones de ouvido, de acordo com alguns colegas.
   Crítica bem-intencionada: "Talvez você tenha se enganado, mas alguns colegas do basquete disseram que viram você pegar meus fones de ouvido. Por favor, devolva-os".

Situação 9. Expressar uma crítica
   Não gostamos do tom de voz do nosso colega porque é estridente.
   Crítica mal-intencionada. Não deve ser expressa.

Situação 10. Lidar com uma crítica
   Bruno e seu amigo Mathias riem de nós dizendo: "Dumbo! Que orelhas grandes você tem!".
   Crítica mal-intencionada: "Assim posso ouvi-lo muito melhor".

IX. SESSÃO 7.
RESOLVER PROBLEMAS INTERPESSOAIS

> **Objetivos da sessão**
> - Aprender a reconhecer um problema interpessoal.
> - Desenvolver as etapas necessárias para resolver problemas de forma independente.
> - Ensinar os alunos a pensar sobre um problema para que esse pensamento seja o regulador do seu comportamento.
> - Resolver problemas sem recorrer à agressividade.
> - Conhecer as vantagens de saber resolver problemas.
> - Sentir-se melhor nas relações sociais.
> - Aprender a resolver problemas para prevenir o *bullying*.
>
> **Desenvolvimento da sessão**
> - O que é resolver um problema interpessoal?
> - Vantagens de saber resolver problemas.
> - Como resolver problemas interpessoais.
> - A resolução de problemas e o *bullying*.
> - Exemplos de como resolver problemas interpessoais.
> - Atividade prática.

O QUE É RESOLVER UM PROBLEMA INTERPESSOAL?

Um problema ou conflito interpessoal é uma situação de desconforto que geralmente começa com um mal-entendido, discordância ou diferença de opinião e continua latente quando não se encontra uma solução que satisfaça as partes envolvidas.

A habilidade de resolver problemas possibilita diferenciar as crianças que são competentes e eficazes em suas interações interpessoais e que, portanto, conseguem uma boa adaptação social daquelas que não são. Quando um problema se intensifica, surge um conjunto de emoções e sentimentos negativos crescentes que dificultam sua comunicação e percepção correta. Muitas vezes falta diálogo entre as partes envolvidas. Essa falta de comunicação impede que se chegue a uma solução acordada entre as partes ou faz com que o nível de comunicação emocional seja tão intenso a ponto de causar a polarização dos envolvidos e, por isso, a ocorrência de comportamentos agressivos para tentar se impor a qualquer custo.

> **Para o educador**
>
> O educador apresenta a habilidade social que será trabalhada neste dia e questiona os alunos sobre o assunto, a fim de obter uma sondagem inicial na qual eles possam expressar sua opinião ("O que é um conflito ou problema interpessoal?", "É normal que problemas ocorram entre pessoas? Por quê?", "O que acontece quando você não resolve um problema?", "É importante saber o que o outro lado pensa do problema?").
>
> Eles são encorajados a dar diferentes exemplos de situações da vida real em que tiveram um problema com alguém e como o resolveram ("Você pode dar exemplos de problemas que teve com outras pessoas?", "Como você os resolveu?").
>
> Em seguida, o educador introduz o tema da *resolução de problemas interpessoais*. As explicações dadas ao longo desta primeira parte do capítulo podem servir como guia.

Diariamente, as crianças se envolvem em conflitos com outras pessoas, seja com adultos (pais, professores, etc.) ou com outras crianças da mesma idade ou não (irmãos, amigos, colegas, etc.). Assim, por exemplo, um filho discorda do pai sobre o tipo de tênis que quer comprar, dois irmãos querem usar o *tablet* ao mesmo tempo, dois colegas discordam sobre como fazer um trabalho ou um filho discorda dos pais sobre qual filme ver no cinema. Todos são exemplos de problemas para os quais precisamos buscar soluções ou acordos. Qualquer uma das situações descritas pode se tornar um problema sério, levando a brigas e discussões, caso não tenhamos a postura positiva e as habilidades necessárias para resolvê-lo.

Pesquisas mostram que crianças socialmente competentes apresentam uma ampla gama de respostas cognitivas com as seguintes características: a) maior sensibilidade para identificar situações problemáticas com outras pessoas, tomando como referência o estado emocional associado a esse problema (tristeza, raiva, vergonha, ansiedade...); b) boa capacidade de descrever problemas de forma concreta; c) maior flexibilidade cognitiva para gerar alternativas que possam ajudar a resolver um problema; d) maior capacidade de prever as possíveis consequências de cada uma das alternativas geradas para resolver seus problemas; e, por fim, e) melhor avaliação das diferentes alternativas e consequências para tomar a decisão mais acertada. Por isso, a forma mais segura de evitar a violência é ensinar as crianças a resolverem conflitos por meio da aquisição de uma série de habilidades cognitivas que permitam, entre outras coisas, controlar suas próprias reações negativas e colocar em prática as técnicas de comunicação assertiva vistas até aqui (saber conversar, expressar sentimentos, fazer pedidos, dizer "não", saber expressar e lidar com críticas).

Partimos da premissa de que envolver-se em um conflito não é *a priori* nem bom nem ruim: tudo vai depender de como o administramos. É normal que haja discrepâncias entre as pessoas. Ambos os lados podem pensar: "Estou certo" e, portanto, "o outro lado está errado". Muitas vezes, o comportamento agressivo de ambos os lados ou de um lado é o resultado de deficiências nas habilidades de resolução de problemas. É muito provável que, se desenvolvermos os passos necessários para gerar soluções alternativas à agressão, ouvindo o que os outros têm a nos dizer, além de conseguirmos resolver o problema, também fortaleceremos as relações pessoais das partes envolvidas no conflito.

O principal objetivo desta sessão é ensinar os alunos a resolverem um problema sem recorrer à agressão. Para isso, é importante envolver o aluno em um processo racional que o faça parar o impulso inicial (geralmente emoções de raiva, irritação, decepção) após um problema, desenvolvendo uma atitude positiva que lhe permita ter a capacidade de reconhecer o ponto de vista do outro, gerar diferentes soluções para um problema e avaliar as consequências para saber escolher a opção mais eficaz.

VANTAGENS DE SABER RESOLVER PROBLEMAS

> **Para o educador**
>
> O educador faz as seguintes perguntas aos alunos:
>
> — Por que é importante saber resolver problemas com os outros?
> — Quais as vantagens de aprender essa habilidade?
>
> Juntos, eles obtêm a resposta, estimulando a reflexão.

Há muitas ocasiões em que precisamos enfrentar situações de incerteza causadas por um conflito com alguém. Às vezes, uma discordância de opiniões ou necessidades diferentes gera um momento desagradável com os outros, do qual muitas vezes podemos sair prejudicados. Portanto, as habilidades de saber resolver problemas com os outros podem ser nossas melhores aliadas para superar as dificuldades com outras pessoas pacificamente.

Saber lidar com os problemas interpessoais de forma adequada nos proporciona uma série de benefícios. Alguns deles seriam os seguintes:

- Melhoramos a convivência com os outros.
- Evitamos discussões, brigas e confrontos.
- Fazemos com que os outros nos conheçam e nos entendam.
- Aprendemos a conhecer e entender a perspectiva dos outros.
- Resolvemos situações de desconforto com os outros.

- Aprendemos a controlar emoções negativas de raiva ou ira.
- Aumentamos nossa autoconfiança.
- Fortalecemos as relações daqueles com quem tivemos o problema.

COMO RESOLVER PROBLEMAS INTERPESSOAIS

> **Para o educador**
>
> O educador entrega a cada um dos alunos a folha "Como resolver problemas interpessoais", que pode ser encontrada no Anexo 11, e explica ao grupo cada um dos passos para realizar a habilidade corretamente. As explicações dadas a seguir sobre como resolver problemas interpessoais podem servir como guia.

Treinar a habilidade de resolução de problemas dá às crianças confiança para resolver situações de vida de tipos muito diferentes. Ao receberem esse treinamento, as crianças terão um guia ao qual recorrer quando se depararem com situações de conflito, tornando-se capazes de identificar e avaliar problemas e tomar decisões de forma independente.

Quando nos deparamos com um problema, às vezes é necessário tirar um tempo para pensar no que aconteceu, para que, quando tivermos que conversar com a outra parte envolvida no conflito, seja mais fácil colocar em prática todas as habilidades de comunicação vistas até agora. Isso nos permitirá expressar nossas opiniões, desejos, sentimentos e queixas em termos assertivos, ouvindo o que a outra parte tem a dizer, a fim de entender melhor o problema.

Há uma série de etapas ou habilidades que são muito úteis para envolver a criança em um processo racional quando se trata de resolver um conflito com outras pessoas:

1. Identifique o problema. Para desenvolver essa habilidade, é necessário reconhecer quando temos um problema, o que o causou e as consequências que ele teve ou está tendo. Devemos também aprender a reconhecer se tivemos um comportamento agressivo ou

passivo, bem como identificar as emoções que ele gerou em nós e descobrir os sentimentos e intenções da pessoa ou pessoas envolvidas no problema.

Podemos ajudar uns aos outros respondendo a perguntas como: Qual é o problema? Onde percebo que tenho um problema? Por que o problema foi criado? Como o problema me faz sentir? Como a outra parte deve estar se sentindo? O que eu quero alcançar? O que a outra parte quer alcançar?

2. Busque soluções. Essa habilidade trata de ensinar como propor possíveis soluções para um problema. O objetivo dessa fase é gerar o máximo de alternativas que pudermos para resolver o problema, sem julgá-las ou valorizá-las, numa espécie de tempestade de ideias. Em princípio, qualquer uma delas poderia ser válida.

   Podemos ajudar uns aos outros respondendo a perguntas como: O que posso fazer para resolver o problema? Além disso, posso fazer qualquer outra coisa? Que outras coisas lhe ocorrem para resolver o problema?

3. Preveja as consequências. Essa habilidade procura avaliar as consequências positivas e negativas de cada uma das alternativas geradas na etapa anterior. Nesta fase, refletimos sobre as possíveis consequências que poderiam advir da escolha de cada uma das alternativas.

   Podemos ajudar uns aos outros respondendo a perguntas como: O que aconteceria se eu escolhesse esta solução? Se eu fizer isso... (primeira solução), pode ser que... O que mais pode acontecer? Quais as vantagens e desvantagens de escolher cada uma das soluções possíveis?

4. Escolha uma solução. Uma vez geradas as possíveis opções para a solução de um problema e avaliadas as possíveis consequências de cada uma delas, devemos escolher aquela que acreditamos que melhor resolve o problema, levando em consideração suas possíveis consequências.

Podemos ajudar uns aos outros respondendo a perguntas como: Qual é a melhor solução levando-se em conta as consequências? Por que eu escolheria essa solução? Ela pode resolver o problema?
5. Implemente a solução. É hora de colocar a opção selecionada em ação. Seria necessário levar em conta quando é o melhor momento para colocá-la em prática e lembrar de usar linguagem assertiva na comunicação (destacar as coisas positivas sobre a pessoa; expressar sentimentos em primeira pessoa, como, por exemplo, "eu sinto..."; fazer pedidos honestos; expressar críticas bem-intencionadas; ouvir o outro e o que ele tem a dizer; aceitar críticas). Podemos ajudar uns aos outros respondendo a perguntas como: Quando é o melhor momento para implementar a solução?
6. Avalie os resultados. Uma vez colocada em prática a opção escolhida, avaliamos se atingimos os objetivos que esperávamos, ou seja, se resolvemos ou não o problema.
Podemos ajudar uns aos outros respondendo a perguntas como: Resolvi o problema? Que dificuldades encontrei? Foi uma solução satisfatória para cada uma das partes?

A RESOLUÇÃO DE PROBLEMAS E O *BULLYING*

> **Para o educador**
>
> O educador explica aos alunos a relação entre o *bullying* e a habilidade de resolver problemas interpessoais, levando em conta os estilos de comportamento e incentivando a participação em grupo. Por exemplo: "Como você acha que o menino ou menina com perfil agressivo responde na hora de resolver um problema com alguém? E o menino ou menina com um estilo de comportamento passivo? E os assertivos?", "Como as vítimas de *bullying* se comportam quando precisam resolver um problema e como os agressores se comportam quando se deparam com um problema?". As explicações dadas a seguir sobre *bullying* e habilidades de resolução de problemas podem servir como guia.

Para resolver conflitos interpessoais, é necessário saber dialogar e administrar problemas. A melhor estratégia para lidar com o *bullying* é por meio da prevenção. Nesse sentido, podemos desenvolver as habilidades cognitivas para resolver problemas interpessoais, e técnicas de comunicação assertiva poderiam coibir a maioria dos problemas relacionados ao *bullying*.

Os comportamentos agressivos que ocorrem no *bullying* são geralmente o resultado de um déficit nas habilidades de resolução de problemas interpessoais. A criança com um estilo de comportamento *agressivo* responde aos conflitos com força, procurando a coalizão do grupo que lhe permita manter a força. Quando o problema vem à tona, surgem respostas imediatas e impulsivas, que, infelizmente, são quase sempre acompanhadas de comportamentos agressivos que levam a uma deterioração progressiva das relações interpessoais. A criança que pratica *bullying* tem dificuldade em identificar seu comportamento como agressivo e se colocar no lugar do outro, por isso não acredita que haja um problema. Essa condição faz com que o conflito continue e se agrave. Atos isolados ou esporádicos de violência se transformam em episódios de violência física e verbal continuados ao longo do tempo contra uma vítima indefesa ou em condições de inferioridade, chegando ao que conhecemos como *bullying*. O agressor não é ponderado nem está disposto a resolver conflitos, agarra-se às suas ideias e volta aos seus velhos costumes quando vê que suas ações não têm consequências negativas, tomando decisões impulsivas que o levam a continuar com a sua escalada de violência.

A criança com um estilo de comportamento *passivo* tem dificuldade em resolver conflitos, sente medo e tensão quando surge um problema e opta por evitar resolvê-lo. Também pode acontecer que, na falta de habilidades para identificar o problema e resolvê-lo, o conflito não apareça até que algum tempo tenha passado. Sua falta de iniciativa a leva a submeter-se facilmente à autoridade de seus pares dominantes. Quando o agressor emprega suas ações agressivas (ameaças, xingamentos, insultos, etc.), a vítima fica impotente, insegura e tem pouco controle sobre a situação. Essa falta de valor a impede de definir o que está acontecendo e, portanto, de esboçar um plano para aquilo que precisa solucionar.

O medo e a tensão fazem com que ela antecipe as consequências da hostilidade, não encontrando a porta de saída, motivo pelo qual acaba cedendo ao que lhe diz seu voluntarioso agressor e opta pelo silêncio para evitar consequências negativas maiores. A vítima interpreta que não há solução para seu problema, e por isso não apresenta estratégias para resolvê-lo (não analisa o problema, não gera alternativas que possibilitem sua solução e não toma decisões). O medo e as ameaças de seu agressor fazem com que ela se sinta incapaz de delatá-lo, acreditando que o problema está em si mesma, o que limita a possibilidade de comunicar sua situação para outras pessoas.

A criança com um estilo de comportamento *assertivo* resolve conflitos com os outros de forma positiva, respondendo com estratégias assertivas. Quando surge um problema, ela experimenta grande autoconfiança, o que a estimula a buscar soluções amigavelmente. Ela não usa a agressividade como alternativa para resolver problemas; ao contrário, ela recorre a comportamentos cooperativos e ajuda os outros, mostrando gentileza e tomando decisões mais eficazes diante dos problemas. Quando o abusador tenta intimidar uma pessoa assertiva, ela se mantém calma, é capaz de ter empatia com ele (o que não significa concordar com ele), sabe identificar o problema, tentando entendê-lo, e trata de buscar suas causas. Ela é capaz de descrever, em poucas palavras, o que está acontecendo e as consequências que se seguem, procurando opções para resolver o problema, avaliando suas possíveis consequências e escolhendo o que acredita ser a melhor dessas opções. A criança assertiva age com comportamentos contrários à agressão (geralmente opta por fazer críticas assertivas e bem-intencionadas a comportamentos inadequados) e traça um plano que a leve a escolher a opção que mais a satisfaz e que reduz ou elimina o problema. O agressor em geral perde o interesse por uma vítima que sabe se defender assertivamente.

As testemunhas do *bullying* podem mostrar, algumas delas pelo menos, comportamentos agressivos para com a vítima semelhantes aos do agressor. Elas têm dificuldade em ter empatia com a vítima e, portanto, é mais difícil que reconheçam a existência de um problema. Mostram comportamentos cúmplices que reforçam o abusador. Algumas podem ter dúvidas e até se darem conta de que existe um problema, mas o medo de serem vítimas faz com que respondam à pressão dos colegas contagiando-se com os comportamentos do agressor.

Outras testemunhas de *bullying* exibem comportamentos passivos, presenciando como o agressor e seus comparsas intimidam e agridem um colega sem fazer nada para ajudá-lo. Elas ficam indiferentes à situação, acostumando-se com essas injustiças, muitas vezes por medo de serem intimidadas, outras vezes para evitar serem os *delatores* que traem seus iguais e outras vezes ainda por entenderem que o problema não é delas, o que justifica o fato de não colocarem em prática as estratégias para resolvê-lo.

EXEMPLOS DE COMO RESOLVER PROBLEMAS INTERPESSOAIS

> **Para o educador**
>
> Em primeiro lugar, o educador apresenta cinco exemplos de situações em que existe um problema, pedindo que os alunos pensem em alternativas para tentar resolvê-lo, conforme o passo 2 do Anexo 11, "Como resolver problemas interpessoais". O educador se dirige à turma da seguinte forma: "Vou lhes apresentar alguns problemas, e vocês devem buscar possíveis alternativas para resolvê-los. Lembrem-se de que nesta etapa não avaliamos se a solução proposta é boa ou ruim; apenas buscamos gerar o maior número de alternativas possível". Em segundo lugar, são apresentados mais cinco exemplos de situações para as quais são propostas alternativas de resolução do problema, sendo que os alunos devem prever quais serão as consequências dessas opções, de acordo com o passo 3. O educador diz: "Agora, vou lhes apresentar outros exemplos de situações em que um problema precisa ser resolvido, mas para isso devemos avaliar as possíveis consequências positivas e negativas de realizar a alternativa escolhida. Tentem prever o máximo possível de consequências".

Aqui estão alguns exemplos de situações em que existe um problema que precisa ser resolvido. Devemos gerar alternativas conforme o passo 2 de "Como resolver problemas interpessoais".

1. Augusto emprestou uma caneta preta para João há dois dias; quando a pediu de volta, João disse que a havia perdido. Augusto ficou chateado.
"Como Augusto poderia resolver o problema? O que mais ele poderia fazer?"

2. No recreio, Daniela e duas colegas perseguem Olívia até o banheiro, não permitindo que ela feche a porta. Olívia sente-se péssima com isso e tenta não pedir permissão para ir ao banheiro até o final da aula, ainda que esteja apertada.
"Como Olívia poderia resolver o problema? O que mais ela poderia fazer?"

3. Vicente é constantemente insultado por alguns colegas. Sente-se miserável e não sabe o que fazer.
"Como Vicente poderia resolver o problema? O que mais ele poderia fazer?"

4. Gabriela rasgou acidentalmente uma folha do caderno de Felipe. Ele ficou tão chateado que parou de falar com ela. Gabriela pediu desculpas, mas Felipe continua não falando com ela.
"Como Gabriela poderia resolver o problema? O que mais ela poderia fazer?"

5. Os pais de Lucas planejam levar seus dois filhos ao cinema. Lucas quer ver o mais recente filme de super-heróis, mas sua irmã quer assistir a uma comédia.
"Como Lucas poderia resolver o problema? O que mais ele poderia fazer?"

Agora são apresentados alguns exemplos de situações em que são propostas alternativas para a resolução de um problema, sendo necessário avaliar as consequências positivas e negativas da alternativa escolhida, ou seja, prever as consequências de acordo com o passo 3.

1. Marina é submetida a expressões ofensivas como "Você fede!", "Você é retardada!" todos os dias por duas colegas de turma.
"O que pode acontecer se Marina as insultar de volta? O que mais poderia acontecer?"

2. César vê Juliano e seus comparsas ameaçarem, intimidarem e agredirem um colega de outro país.
"O que pode acontecer se César contar ao professor sobre as agressões que Juliano e os outros infligem ao colega? O que mais poderia acontecer?"

3. Ao sair da aula, Ana Letícia é abordada por um grupo de cinco meninas mais velhas de outra turma que a atacam com empurrões, chutes e insultos.
"O que pode acontecer se Ana Letícia decidir contar o que aconteceu aos pais? O que mais poderia acontecer?"

4. Joaquim recebeu um bilhete anônimo dizendo que ele iria apanhar no final da aula se não desenhasse um coração vermelho na testa com uma caneta.
"O que pode acontecer se Joaquim desenhar um coração vermelho na testa para evitar a ameaça? O que mais poderia acontecer?"

5. Luiza, brincando com a bola, quebrou acidentalmente um vaso de casa.
"O que pode acontecer se Luiza contar aos pais o que aconteceu? O que mais poderia acontecer?"

ATIVIDADE PRÁTICA

Aprendendo a resolver nossos problemas

Após dividir a turma em grupos de três ou quatro alunos, entregar para cada grupo uma cópia do Anexo 12, que inclui as etapas 1 a 5 na resolução dos problemas interpessoais estudados. Cada grupo será responsável por resolver uma das situações-problema descritas a seguir, devendo escrever suas respostas no formulário.

Para realizarmos o processo de resolução de problemas, podemos usar como guia algumas das propostas a seguir ou então nos basear em situações problemáticas reais vivenciadas pelos alunos:

1. Há um grupo de colegas que nos desrespeitam, nos humilham e nos xingam com palavrões.
2. Vamos comemorar nosso aniversário, mas nossos pais nos disseram que só podemos convidar seis amigos porque o local não permite mais pessoas. Porém, temos oito amigos.
3. Desde o início do ano letivo vagamos pelo recreio sem ninguém com quem conversar. Embora tenhamos tentado nos aproximar de alguns grupos de colegas, continuamos sendo ignorados.
4. Nossa amiga ficou muito brava e parou de falar conosco porque contamos algo a seu respeito que ela considerava particular e não queria que ninguém soubesse. Agora sempre nos evita quando tentamos conversar com ela.
5. Estamos aguardando nossa vez no bebedouro, quando de repente chega um grupo de crianças violentas querendo furar a fila.

Para o educador

O educador faz cópias do exercício "Aprendendo a resolver problemas" do Anexo 12 e distribui uma cópia para cada um dos grupos: "Vamos primeiramente nos organizar em grupos; na sequência vou distribuir um formulário sobre o processo de resolução de problemas interpessoais.

Cada grupo terá que criar um plano para resolver o problema proposto na situação ou outro de sua escolha.

É preciso passar pelas etapas 1 a 5 completando, por escrito, cada um dos itens do formulário. Uma vez concluída a tarefa, você irá comentá-la com o restante da turma para analisar e discutir todos os itens e a solução escolhida. Para realizar o exercício, é aconselhável ter em mãos as etapas de solução de problemas do Anexo 11".

TERCEIRA PARTE
O JOGO *GALÁXIA HASO*

X. REGRAS DO JOGO

REGRAS DO JOGO (COM TABULEIRO DIGITAL)
GALÁXIA HASO

A seguir, é apresentado o jogo que chamaremos de *Galáxia HASO* (nome retirado do termo "HAbilidades SOciais"), um jogo que complementa o que foi aprendido nas sessões anteriores e cujo objetivo é fortalecer o ensino de habilidades sociais por meio de elementos lúdicos. Uma vez que os alunos tenham adquirido as informações necessárias sobre este conceito, eles estarão prontos para aplicá-lo nas muitas situações que compõem este jogo. O formato lúdico desta última parte do programa "Vamos compartilhar" ajudará os alunos a reter e internalizar o conceito do núcleo do nosso programa, ou seja, as habilidades sociais.

O JOGO CONTÉM...

Galáxia HASO contém os seguintes elementos: um tabuleiro virtual (Anexo 13) que se projeta em um quadro digital com 72 casas dispostas em forma de duas estrelas (uma exterior maior e outra interior menor), um dado e até 6 fichas de equipe também virtuais, 216 cartas de teste e perguntas com estrelas de cores diferentes no verso, as regras do jogo, diplomas para os participantes do jogo (Anexo 14) e um registro de participação fotocopiável (Anexo 15).

IDEIA GERAL DO JOGO

A base fundamental deste jogo é conquistar estrelas. A equipe ganhadora é aquela que conquista 36 estrelas, seis de cada cor. As estrelas são obtidas quando se chega a uma *casa de tema, casa da estrela brincalhona* ou *casa de dados* e ao responder corretamente o que é pedido na carta. As equipes também têm a oportunidade de conseguir uma estrela quando a equipe que joga o dado cai em uma dessas casas e falha no teste ou pergunta que consta na carta, passando a chance às outras equipes. A equipe que cair na *casa do alienígena presenteador* tem a sorte de receber uma estrela sem ter que passar por nenhum teste. A estrela será entregue em função da cor correspondente à casa.

A ordem de participação das equipes se dará de acordo com quem tiver marcado a maior pontuação do dado no início do jogo e conforme o que é dito nas casas. Em razão do caráter pedagógico do jogo, deve-se estar preparado para a possibilidade de que ele não termine no mesmo dia, estendendo-se no tempo de modo que se desenvolvam e fortaleçam as habilidades sociais dos participantes. As estrelas que as equipes conseguem são cumulativas de um dia para o outro; para isso, cada equipe terá um *registro de participação* (ver Anexo 15), que não apenas atesta a participação de cada membro da equipe, mas também registra o número de estrelas que vão recebendo para que, quando o jogo recomece, se tenha a informação necessária sobre as estrelas conquistadas por todas as equipes. Cada vez que o jogo for retomado, a equipe com menos estrelas começará jogando os dados.

O EDUCADOR

O educador é responsável por fazer as perguntas, testes ou jogos e, por isso, também avaliará se as respostas estão corretas ou não com base na resposta dada na própria carta (representada pela letra "R") ou na avaliação objetiva do conhecimento do aluno sobre o assunto. Portanto, a pessoa que aplica o jogo deve ter as estratégias necessárias como professor e o conhecimento sobre as habilidades sociais. Qualquer dúvida que possa ter sobre habilidades sociais pode ser esclarecida na descrição das sessões do programa "Vamos compartilhar".

PREPARAÇÃO

Antes de iniciar o jogo, é necessário realizar uma série de sessões que forneçam aos participantes conhecimentos gerais sobre assertividade e habilidades sociais. Para isso, o programa "Vamos compartilhar" inclui diversas atividades para a realização das sessões, resumidas em sete módulos destinados a facilitar esta tarefa.

O lugar indicado para projetar o tabuleiro é um quadro digital ou algum outro local em que todos os jogadores possam ver claramente o tabuleiro. Também deve haver espaço suficiente na sala de aula para realizar os testes das cartas. O educador deve estar próximo ao tabuleiro e ter uma visão geral da turma, além de colocar todas as fichas separadas por cores em uma mesa ou estante e distribuir a cada equipe o registro de participação.

A turma é dividida em equipes de 3 a 6 jogadores, com no mínimo 3 e no máximo 6 equipes. A divisão do grupo pode ser feita por sorteio ou seguindo algum critério para que os grupos sejam equivalentes. Cada equipe definirá um nome que a identifique, escolherá suas fichas e as colocará na casa de saída que corresponde à cor da ficha, representada pela letra "S". Cada equipe recebe um registro de participação e explicações sobre a ideia geral do jogo e o significado das casas.

INÍCIO DO JOGO

A título de introdução, inicia-se contando a seguinte história:

No Universo existem milhões de galáxias: nossa galáxia, a Via Láctea, a Galáxia de Andrômeda, a Galáxia do Triângulo, a Galáxia Anã de Pegasus, etc. Anos atrás, um cientista espanhol foi o primeiro a reconhecer a partir do Observatório Orbital da Agência Espacial Europeia um novo aglomerado de estrelas, outra galáxia. Cinco anos depois, uma expedição formada por oito cientistas de diferentes lugares do mundo se propôs a ir até lá para conhecê-la. Os especialistas a chamaram de Galáxia HASO ou Galáxia das Habilidades Sociais. Diz a lenda que aqueles que chegaram à Galáxia HASO retornaram ao planeta Terra com uma série de poderes e habilidades especiais que fizeram eles viverem felizes e contentes pelo resto de suas vidas. As pessoas que chegaram a conhecer esse grupo de astronautas os descreveram como indivíduos corajosos, amáveis, educados, seguros de si mesmos e muito habilidosos. Dizem que tiveram que encarar diferentes desafios e, com honra, conseguiram superar todos os testes impostos pela galáxia. Depois dessa primeira expedição, houve outras, e todas retornaram com as mesmas forças especiais que as faziam relacionar-se com os demais de forma adequada, resolvendo problemas e enfrentando todos os seus medos.

Recentemente, formou-se uma nova expedição composta por alunos e alunas da .... série da Escola .... dispostos a desafiar as dificuldades impostas pela Galáxia HASO. Eles estão prontos para viajar a fim de conseguir esses poderes especiais de que tanto falaram nossos antepassados.

Em seguida, é sorteada a equipe que inicia o jogo e lança o dado.

CONTINUAÇÃO DO JOGO

Ao jogar o dado, sua ficha poderá ir a uma das seguintes casas: casa de tema, casa de dados, casa da "viagem espacial", casa da "estrela brincalhona", casa do alienígena "comedor de estrelas" ou casa do "alienígena presenteador".

Casa de tema
Os temas têm um código de cores:

Rosa	Expressar sentimentos positivos e negativos
Azul	Fazer e recusar pedidos
Verde	Iniciar, manter e encerrar conversas
Roxo	Expressar e lidar com críticas
Vermelho	Fazer e receber elogios
Amarelo	Assertividade e resolução de problemas interpessoais

Cada carta apresenta uma pergunta ou teste individual ou em grupo. Se o pedido da carta for individual, caberá a um jogador respondê-la. Se o pedido for em grupo, todo o grupo deverá resolver o que a carta exige. Com o registro de participação, é possível acompanhar as crianças que ainda não participaram.

Quando uma ficha chega a essas casas de tema, o educador faz a pergunta ou teste correspondente à equipe ou ao jogador desse grupo, dependendo do que a carta está exigindo: resolução em grupo ou individual. Se resolvida corretamente, o educador premiará o grupo com a carta, que tem uma estrela no verso da cor do tema. Se a pergunta não for respondida ou se ela for resolvida incorretamente, as outras equipes terão a oportunidade de resolvê-la seguindo a ordem combinada no início. A passagem da pergunta para outra equipe terminará quando uma das equipes resolver a carta e, portanto, conseguir a estrela, ou ao se completar a rodada. Nas passagens das perguntas, as cartas de demanda individual são eliminadas, sendo que a participação é da equipe como um todo.

Casa de dados

Essa casa é resolvida da mesma forma que as *casas de tema*, com a única diferença de que, assim que a pergunta ou teste da cor que corresponda à casa tenham sido ou não resolvidos, os participantes podem voltar a jogar o dado e, portanto, têm outra oportunidade no tabuleiro.

Casa da "viagem espacial"

Essa casa no tabuleiro corresponde ao astronauta com foguete espacial e é a forma de passar da estrela exterior à interior e vice-versa. Assim que se chega a ela e se passa à estrela correspondente, a equipe continua jogando, voltando a lançar o dado.

Casa da estrela brincalhona

Essa casa no tabuleiro corresponde ao desenho de uma estrela branca. É preciso seguir as instruções das cartas com esse desenho. São cartas que geralmente contêm um teste do qual todas as equipes participam, e somente uma equipe pode obter a estrela da cor correspondente à casa, que será aquela que conseguir alcançar primeiro os objetivos expostos na carta. Essas cartas também podem apresentar outras questões, como, por exemplo, perder ou ganhar estrelas por diferentes motivos ou conseguir alguma carta em que conste uma segunda chance no jogo.

Podem ocorrer situações nas quais nenhuma das equipes alcance o objetivo proposto pela carta. Neste caso, não será entregue nenhuma estrela. Há também a possibilidade de um empate entre equipes. Então, o educador pode optar por um desempate ou por dar uma estrela da cor correspondente à casa a cada uma das equipes ganhadoras.

Se em algum jogo for preciso passar a vez, a equipe que jogou o dado sempre começa.

Casa do alienígena comedor de estrelas

Essa casa no tabuleiro corresponde ao alienígena marrom com cara de bravo. A equipe que chega a essa casa perde automaticamente uma estrela da cor correspondente à casa, se a tiver. Caso não tenha estrela dessa cor, perderá uma estrela da cor que mais tiver. Em seguida, passa-se o dado à próxima equipe.

Casa do alienígena presenteador

Essa casa no tabuleiro corresponde ao alienígena de duas cabeças. Quando se chega a essa casa, a equipe é presenteada com uma estrela da cor correspondente à casa e o dado é passado à próxima equipe.

FIM DO JOGO

O jogo termina quando uma das equipes recebe seis estrelas de cada cor. Quando isso ocorrer, cada um dos participantes do jogo receberá o diploma da *Galáxia HASO*. Nesse diploma, é necessário colocar o nome da escola, do jogador e a turma correspondente. É possível começar um novo jogo criando novas equipes.

RECOMENDAÇÕES

O jogo se desenvolverá ao longo do tempo, sendo aconselhada 1 hora semanal, para que os participantes não esqueçam o que estão aprendendo e, além disso, não percam o interesse subjacente do jogo. O regulamento não especifica nem o tempo necessário para as respostas, nem seu grau de exatidão. Cabe ao educador combinar, em conjunto com os jogadores, um prazo razoável para responder ao que pedem as cartas.

REGRAS DO JOGO (SEM TABULEIRO)
GALÁXIA HASO NA TERRA

Essa versão do jogo pode ser aplicada em sala de aula quando não se dispõe do tabuleiro virtual que caracteriza sua versão principal. Esta última é mais completa e lúdica, mas quando não há possibilidade de utilizar um tabuleiro virtual na sala de aula, uma alternativa mais simples é a que apresentamos a seguir.

Uma vez que os alunos tenham adquirido as informações necessárias sobre habilidades sociais, eles estão prontos para aplicá-las nas muitas situações que compõem este jogo. O formato lúdico desta última parte do programa "Vamos compartilhar" ajudará os alunos a reter e internalizar o conceito do núcleo do nosso programa, ou seja, as habilidades sociais.

O JOGO

O jogo *Galáxia HASO na Terra* contém os seguintes elementos: um dado de oito lados, seis deles com as cores das cartas, um lado com a estrela brincalhona e o outro com o dado (o dado é recortável e os alunos podem montá-lo e colori-lo; ver Anexo 16), 216 cartas de testes e perguntas, com estrelas de diferentes cores, as regras do jogo, diplomas para os participantes do jogo (Anexo 14) e um registro de participação (Anexo 15).

IDEIA GERAL DO JOGO

A base fundamental deste jogo é conquistar estrelas. A equipe vencedora é a que conquista 36 estrelas, seis de cada cor. As cartas são colocadas em sete montes, incluindo em cada um todas as cartas que tratam do mesmo tema. Haverá, portanto, seis montes com 32 cartas de uma mesma cor em cada um e um sétimo monte com 24 cartas de cor branca ("a estrela brincalhona"). As estrelas são conquistadas quando se responde corretamente o que pede a carta que cada grupo obteve depois de jogar o dado. As equipes conseguem uma estrela quando a equipe que joga o dado responde corretamente o teste ou pergunta apresentado na carta, mas se não acerta passa a oportunidade para a equipe seguinte. Quando um grupo já tem seis estrelas de uma cor e sai essa mesma cor ao jogar o dado, perde a vez para o grupo seguinte.

A equipe que inicia o jogo é sorteada. Em razão do caráter pedagógico do jogo, deve-se estar preparado para a possibilidade de que ele não termine no mesmo dia, estendendo-se no tempo de modo que se desenvolvam e fortaleçam as habilidades sociais dos participantes. As estrelas que as equipes conseguem são cumulativas de um dia para o outro; para isso, cada equipe terá um registro de participação (ver Anexo 15), que não apenas atesta a participação de cada membro da equipe, mas também registra o número de estrelas que vão recebendo para que, quando o jogo recomeçar, se tenha a informação necessária sobre as estrelas conquistadas por todas as equipes. Cada vez que o jogo for retomado, a equipe com menos estrelas começará jogando os dados.

O EDUCADOR

O educador é responsável por fazer as perguntas, testes ou jogos e, por isso, também avaliará se as respostas estão corretas ou não com base na resposta dada na própria carta (representada pela letra "R") ou na avaliação objetiva do conhecimento do aluno sobre o assunto. Portanto, a pessoa que aplica o jogo deve ter as estratégias necessárias como professor e o conhecimento sobre as habilidades sociais.

PREPARAÇÃO

Antes de iniciar o jogo, é necessário realizar uma série de sessões que forneçam aos participantes conhecimentos gerais sobre assertividade e habilidades sociais. Para isso, o programa "Vamos compartilhar" inclui diversas atividades para a realização das sessões, resumidas em sete módulos destinados a facilitar esta tarefa. O educador precisa ter uma visão geral da turma e colocar as cartas separadas por cores em uma mesa ou estante e entregar a cada equipe o registro de participação.

A turma é dividida em equipes de 3 a 6 jogadores, com no mínimo 3 e no máximo 6 equipes. A divisão do grupo pode ser feita por sorteio ou seguindo algum critério para que os grupos sejam equivalentes. Cada equipe escolherá um nome que a identifique.

INÍCIO DO JOGO

O jogo começa com a equipe que, por sorteio, tenha sido escolhida. Um dos jogadores começa lançando o dado e jogando com a carta da cor que tenha saído no dado. Os jogadores dos outros grupos seguem jogando os dados, um por vez. Sugere-se que, além de seguir a ordem de cada grupo jogar o dado, também se siga uma ordem de cada participante dentro do grupo, com o intuito de que todos os jogadores possam participar igualmente. Por isso é importante usar o registro de participação, que ajuda a saber a vez de cada jogador lançar o dado.

Ao jogar o dado, sairá uma das seis cores de cartas, cujos temas são os seguintes:

Rosa	Expressar sentimentos positivos e negativos
Azul	Fazer e recusar pedidos
Verde	Iniciar, manter e encerrar conversas
Roxo	Expressar e lidar com críticas
Vermelho	Fazer e receber elogios
Amarelo	Assertividade e resolução de problemas interpessoais

Além de uma dessas seis cores, pode sair o lado de cor branca ("a estrela brincalhona") ou o que possibilita voltar a jogar o dado.

Cada carta de tema indica se sua resolução é individual ou em grupo. Se a solicitação da carta é individual, então será o jogador que lançou o dado quem deve responder. Se a solicitação é em grupo, todo o grupo deve resolver o que é pedido na carta.

Depois da carta tirada, o educador faz a pergunta ou teste para a equipe ou jogador desse grupo que tenha lançado o dado, dependendo do que a carta está exigindo: resolução em grupo ou individual. Se resolvida corretamente, o educador premiará o grupo com a estrela correspondente no verso da carta. Se não responde à pergunta ou se o faz incorretamente, as demais equipes terão a oportunidade de resolvê-la seguindo a ordem combinada no início. A pergunta para de passar a outra equipe se uma delas responde ao que é pedido na carta e, portanto, consegue a estrela, ou quando se completa a rodada.

FIM DO JOGO

O jogo termina quando uma das equipes recebe todas as seis estrelas de cada cor. Quando isso ocorrer, cada um dos participantes do jogo receberá o diploma da *Galáxia HASO*. Nesse diploma, é necessário colocar o nome da escola, do jogador e a turma correspondente. É possível começar um novo jogo criando novas equipes.

RECOMENDAÇÕES

O jogo se desenvolverá ao longo do tempo, sendo aconselhada 1 hora semanal, para que os participantes não esqueçam o que estão aprendendo e, além disso, não percam o interesse subjacente do jogo. O regulamento não especifica nem o tempo necessário para as respostas, nem seu grau de exatidão. Cabe ao educador combinar, em conjunto com os jogadores, um prazo razoável para responder ao que pedem as cartas.

REFERÊNCIAS

AVILÉS, J. M. (2006), *Bullying: el maltrato entre iguales. Agresores, víctimas y testigos en la escuela,* Salamanca, Amarú.

AVILÉS, J. M.; & ELICES, J. A. (2007), *INSEBULL. Instrumentos para la evaluación del bullying,* Madrid, CEPE.

AVILÉS, J. M.; IRURTIA, M. J.; GARCÍA-LÓPEZ, L. J.; & CABALLO, V. E. (2011), «El maltrato entre iguales: "bullying"», *Behavioral Psychology/Psicología Conductual* 19 (1), pp. 57-90.

CABALLO, V. E. (1997), *Manual de evaluación y entrenamiento de las habilidades sociales,* Madrid, Siglo XXI de España.

CABALLO, V. E.; CALDERERO, M.; ARIAS, B.; SALAZAR, I. C.; & IRURTIA, M.J. (2012), Desarrollo y validación de una nueva medida de autoinforme para evaluar el acoso escolar (bullying)», *Behavioral Psychology/Psicología Conductual* 20, pp. 625-647.

CALDERERO, M. (2014), *Diseño y evaluación de la eficacia de un programa de intervención psicológica para la disminución y prevención del acoso escolar (bullying).* [Tesis doctoral]. Universidad de Granada.

CALDERERO, M.; SALAZAR, I. C.; & CABALLO, V. E. (2011), «Una revisión de las relaciones entre el acoso escolar y la ansiedad social», *Behavioral Psychology/Psicología Conductual* 19, pp. 389-415.

CARRILLO, G. B. (2013), *Jahso. Programa jugando y aprendiendo habilidades sociales,* Madrid, CEPE.

CARRILLO, G. B. (2015), *Validación de un programa lúdico para la mejora de las habilidades sociales en niños de 9 a 12 años.* [Tesis doctoral]. Universidad de Granada.

CEREZO, F. (2000), *Test de evaluación de la agresividad entre escolares: BULL-S,* Bilbao, Albor-Cohs.

DEFENSOR DEL MENOR DE LA COMUNIDAD DE MADRID (2006), *Convivencia, conflictos y educación en los centros escolares de la Comunidad de Madrid,* Madrid, Publicaciones del defensor del menor de la Comunidad de Madrid.

DEfENSOR DEL PUEbLO (1999), *Informe del defensor del pueblo sobre violencia escolar. Violencia escolar: el maltrato entre iguales en la educación secundaria obligatoria 1999-2006.* http://www.conflictoescolar.es/wp-content/uploads/2011/07/INFORME-DEL-DEFENSOR-DEL-PUEBLO-1999.pdf.

DEFENSOR DEL PUEBLO (2007), *Violencia escolar: el maltrato entre iguales en la educación secundaria obligatoria 1999-2006.* http://www.migualdad.es/violencia-mujer/Documentos/InformeDefensorPuebloViolenciaEscolar2006.pdf.

DEMARRAY, M. K.; MALECKI, C. K.; DAVIDSON, L. M.; HODGSON, K. K.; & REBUS, P. J. (2005), «The relationship between social support and student adjustment: A longitudinal analysis», *Psychology in the Schools* 42, pp. 691-706.

DEVRIES, K.; KNIGHT, L.; PETZOLD, M. *et al.* (2018), «Who perpetrates violence against children? A systematic analysis of age specific and se-specific data», *BMJ Paediatric Open* 2(1).

FARRINGTON, D. P.; & TTOFI, M. M. (2011), «Bullying as a predictor of offending violence and later outcomes», *Criminal Behaviour and Mental Health* 21, pp. 90-98.

GARAIGORDOBIL, M.; MOLLO, J. P.; & LARRAIN, E. (2019), «Prevalencia de bullying y cyberbulling en Latinoamérica: una revisión», *Revista Iberoamericana de Psicología* 11, pp. 1-18.

GONZÁLEZ, J.; & GARCÍA, F. J. (2010), *Elaboración de análisis sociométricos,* Madrid, TEA.

HERRERA-LÓPEZ, M.; ROMERA, E. M.; & ORTEGA-RUIZ, R. (2018), «Bullying y cyberbulling en Latinoamérica: un estudio bibliométrico», *Revista Mexicana de Investigación Educativa* 23, pp. 125-155.

JIMÉNEZ, J. A.; RUIZ, J. A.; LLOR, B.; & PÉREZ, M. (2012), «Effectiveness of antibullying school programs: A systematic review by evidence levels», *Children and Youth Services Review* 34, pp. 1646-1658.

LORENZ, K. (1968), *Sobre la agresión*, Madrid, Siglo XXI de España.

OLWEUS, D. (1978), *Aggression in the schools: bullies and whipping boys*, Washington, Hemisphere.

OLWEUS, D. (1993), *Bullying at school: What we know and we can do*, Oxford, Blackwell [ed. cast.: *Conductas de acoso y amenaza entre escolares*, Madrid, Morata, 2004, 2.ª ed.].

OLWEUS, D. (1999), «Norway», In P. K. Smith, Y. Morita, J. Junger-Tas, D. Olweus, R. Catalano; & P. Slee (dirs.), *The nature of school bullying. A cross-national perspective*, Londres, Routledge, pp. 28-48.

OLWEUS, D. (2005), «A useful evaluation design, and effects of the Olweus Bullying Prevention Program», *Psychology Crime and Law* 11, pp. 389-402.

OLWEUS, D. (2007), *The Olweus Bullying Questionnaire*, Center City, Hazelden.

OLWEUS, D. (2010), «Understanding and researching bullying: some critical issues», In S. R. Jimerson, S. M. Swearer; & D. L. Espelage (dirs.), *Handbook of bullying in schools: an international perspective*, New York, Routledge, pp. 9-34.

OLWEUS, D.; & LIMBER, S. P. (2007), *Olweus Bullying Prevention Program Teacher Guide*, Center City, Hazelden.

OLWEUS, D.; & LIMBER, S. (2010), «The Olweus Bullying Prevention Program», In S. R. Jimerson, S. M. Swearer; & D. L. Espelage (dirs.), *Handbook of bullying in schools: an international perspective*, New York, Routledge, pp. 377-401.

OLWEUS, D.; LIMBER, S. P.; FLERX, V.; MULLIN, N.; RIESE, J.; & SNYDER, M. (2007), *Olweus Bullying Prevention Program Schoolwide Guide*, Center City, Hazelden.

ORTEGA, R.; & MORA-MERCHÁN, J. A. (2000), *Violencia escolar: mito o realidad*, Sevilla, Mergablum.

PIÑUEL, I.; & OÑATE, A. (2005), *Informe Cisneros VII: Violencia y Acoso escolar en alumnus de Primaria, ESO y Bachiller*, Instituto de Innovación Educativa y Desarrollo Directivo (IEDDI). http://convivencia.wordpress.com/2009/05/04/informes-cisneros-vii-viii-y-x/.

PIÑUEL, I.; & OÑATE, A. (2006), *AVE. Acoso y violencia escolar*, Madrid, TEA.

PIÑUEL, I.; & OÑATE, A. (2007), *Mobbing escolar. Violencia y acoso psicológico contra los niños*, Barcelona, CEAC.

POSTIGO, S.; GONZÁLEZ, R.; MONTOYA, I.; & ORDOÑEZ, A. (2013), «Theoretical proposals in bullying research: a review», *Anales de Psicología* 29, pp. 413-425.

SAARENTO, S.; KÄRNÄ, A.; HODGES, E. V. E.; & SALMIVALLI, C. (2013), «Student-, Classroom-, and school-level risk factors for victimization», *Journal of School Psychology* 51, pp. 421-434.

SERRANO, A.; & IBORRA, I. (2005), *Violencia entre compañeros en la escuela*, Informe del Centro Sofía para el Estudio de la Violencia, Serie Documentos, 9. http://213.0.8.18/portal/Educantabria/RECURSOS/Materiales/Biblestinv/Informe_Violencia_entre_compa%C3%B1eros_en_la_escuela.pdf.

SWEARER, S. M.; SIEBECKER, A. B.; JOHNSEN-FRERICHS, L. A.; & WANG, C. (2010), «Assessment of Bullying/Victimization: the problem of comparability across studies and across methodologies», In S. R. Jimerson, S. M. Swearer; & D. L. Espelage (dirs.), *Handbook of bullying in schools: an international perspective*, New York, Routledge, pp. 223-234.

UNESCO (2019), *Más allá de los números: Poner fin a la violencia y el acoso en el ámbito escolar*, Paris, Unesco, 2021.

ANEXOS

Na página do livro em loja.grupoa.com.br, o professor poderá fazer download do arquivo de anexos.

1. Questionário multimodal de interação escolar (CMIE-IV)
(*Caballo, Calderero, Arias, Salazar & Irurtia, 2012*)

Iniciais do nome: _____ Sexo: Masculino _____ Feminino: _____
Idade: _____ Turma: _____
Escola: _____

A seguir estão descritas algumas situações que podem acontecer na sua escola. Coloque um **X** no número que melhor explica **quantas vezes você passou por essas situações nos últimos dois meses**. Não deixe nenhuma pergunta sem resposta e faça-o com sinceridade. Não se preocupe porque não há respostas certas ou erradas.

	Marque quantas vezes você viveu as seguintes situações nos últimos dois meses.	Nunca	Poucas	Várias	Muitas
1.	Me ignoraram (me excluíram ou me deixaram no vácuo).	1	2	3	4
2.	Fiz coisas para incomodar um colega (p. ex., atirar coisas nele, empurrá-lo, não deixá-lo passar, etc.).	1	2	3	4
3.	Se um colega obriga outro a fazer coisas que não quer (p. ex., dar-lhe um lanche, dinheiro, fazer seu dever de casa, etc.), me intrometo para interromper a situação.	1	2	3	4
4.	Já inventei desculpas para faltar às aulas por medo de que mexessem comigo.	1	2	3	4
5.	Acho engraçado quando outro colega é ridicularizado.	1	2	3	4
6.	Se fazem coisas para incomodar algum colega (p. ex., atirar coisas nele, empurrá-lo, não deixá-lo passar, etc.), fico quieto sem fazer nada ou saio de perto.	1	2	3	4
7.	Fui insultado.	1	2	3	4

Marque quantas vezes você viveu as seguintes situações nos últimos dois meses.		Nunca	Poucas	Várias	Muitas
8.	Se batem em alguém, observo e fico quieto sem fazer nada ou saio de perto.	1	2	3	4
9.	Eu ri de um colega.	1	2	3	4
10.	Me bateram (empurrões, golpes, chutes, socos).	1	2	3	4
11.	Mexeram comigo pelo celular (chamadas ou mensagens).	1	2	3	4
12.	Eu acho graça quando mexem com algum colega.	1	2	3	4
13.	Faltei atividades para que não mexessem comigo.	1	2	3	4
14.	Acho engraçado quando alguém da turma é insultado.	1	2	3	4
15.	Quando um colega é ignorado, fico quieto sem fazer nada ou saio de perto.	1	2	3	4
16.	Riram ou debocharam de mim.	1	2	3	4
17.	Faço piadas pesadas com outros colegas.	1	2	3	4
18.	Meus colegas me criticam por qualquer coisa que eu faça ou diga.	1	2	3	4
19.	Publicaram fotos minhas na internet ou as passaram pelo celular sem meu consentimento.	1	2	3	4
20.	Me intrometo para interromper a situação se estão batendo em algum colega.	1	2	3	4
21.	Me colocaram apelidos que me deixam mal.	1	2	3	4
22.	Quando ridicularizam algum colega, eu aviso alguém que possa parar a situação.	1	2	3	4
23.	Me obrigam a fazer coisas que eu não quero (p. ex., dar meu lanche, dinheiro, fazer seus deveres de casa, etc.).	1	2	3	4
24.	Eu acho graça quando fazem piadas pesadas com outros colegas.	1	2	3	4

Marque quantas vezes você viveu as seguintes situações nos últimos dois meses.		Nunca	Poucas	Várias	Muitas
25.	Se fazem coisas para incomodar algum colega (p. ex., atirar coisas nele, não deixá-lo passar, empurrá-lo, etc.), intervenho para interromper a situação.	1	2	3	4
26.	Eu mexi com um colega (p. ex., insultando-o, criticando-o, colocando apelidos, etc.).	1	2	3	4
27.	Se vejo alguém rindo ou zombando de um colega, tento impedir.	1	2	3	4
28.	Recebi ameaças ou insultos pela internet, por celular, etc.	1	2	3	4
29.	Se batem em outro colega, incentivo para que a situação continue.	1	2	3	4
30.	Meus colegas me ridicularizaram na frente dos outros.	1	2	3	4
31.	Debocho de alguns colegas.	1	2	3	4
32.	Fui ferido ou tive danos graves porque fui agredido por outros colegas.	1	2	3	4
33.	Ameaçaram prejudicar minha família.	1	2	3	4
34.	Se ameaçam alguém, fico quieto sem fazer nada ou saio de perto.	1	2	3	4
35.	Meus colegas fazem coisas para me incomodar (p. ex., jogar coisas em mim, me empurrar, não me deixar passar, etc.).	1	2	3	4
36.	Tentei impedir que alguns colegas insultassem outro.	1	2	3	4

Marque o local ou locais onde a maioria das situações apresentadas anteriormente costuma acontecer:

❏ Na entrada/saída da escola	❏ No pátio
❏ Nos corredores	❏ Na sala de aula
❏ Nos banheiros	❏ Na rua

Subescalas e pontos de corte do CMIE-IV

Subescala 1. Comportamentos intimidatórios (assediador) (Itens 2, 5, 9, 13, 16, 23, 25, 28, 30 e 33)
(Nota: Comportamentos de testemunha ativa em apoio ao agressor estão incluídos nesta subescala)

Subescala 2. Vitimização recebida (assediado) (Itens 1, 7, 11, 15, 17, 20, 29 e 35)

Subescala 3. *Bullying* Extremo/*Cyberbullying* (Itens 4, 10, 12, 18, 22, 27, 31 e 32)

Subescala 4. Testemunha ativa em defesa do assediado (Itens 3, 19, 21, 24, 26 e 36)

Subescala 5. Testemunha passiva (Itens 6, 8, 14 e 34)

Os pontos de corte foram obtidos pela soma de um desvio-padrão à média em cada uma das subescalas do CMIE-IV. Os dados são provenientes da pesquisa realizada por Caballo et al. (2012) sobre esse questionário.

2. Pedro e o estojo de Isabela

Situação

Pedro pegou o estojo de Isabela, sem sua permissão, para usar alguns de seus lápis. Isabela ficou chateada.

Sequência 1

Isabela: Ei! O que você está fazendo com o meu estojo?
Pedro: Eu peguei porque precisava de uns lápis de cor...
Isabela: Bem, pois não volte a pegar sem a minha permissão! Você entendeu bem? Ou compre alguns lápis para você! (Em tom de voz alto.)
Isabela usa um estilo agressivo de comportamento, expressando de forma brusca e desagradável o que a incomodou em relação a Pedro. Pedro, por outro lado, vai se sentir mal com a forma como a colega falou com ele. Esses tipos de comportamentos podem levar a situações de conflito com os colegas em geral.

Sequência 2

Isabela: (Procura seu estojo pela sala inteira e o encontra na mesa de Pedro. Fica quieta e não diz nada.)
Pedro: Aqui está o seu estojo, eu peguei porque precisava de uns lápis de cor...
Isabela: Está tudo bem (em voz baixa).
Isabela não expressa seu descontentamento com Pedro. Ela se sente mal e culpada por não se expressar. Pedro, por outro lado, nem sequer soube que Isabela ficou chateada com ele, então é provável que ele pegue o estojo novamente sem a sua permissão.

Sequência 3

Isabela: (Procura seu estojo e vê que está na mesa de Pedro. Ela se aproxima de Pedro.) Pedro, esse é o meu estojo!
Pedro: Sim, eu peguei porque precisava de uns lápis de cor...
Isabela: Tá bom! Eu não me importo de emprestar meus lápis, mas da próxima vez peça minha permissão! Ok? (Olhando-o nos olhos e com um tom de voz firme e gentil.)

3. Como fazer e receber elogios

Os principais passos para *fazer um elogio* de forma adequada são:
1. Pensar se é o momento certo para fazer o elogio. Lembre-se de que não é apropriado fazê-lo quando estamos no meio de uma discussão ou quando queremos pedir um favor.
2. Aproximar-se da pessoa e olhá-la nos olhos.
3. Usar o nome da pessoa, se for conhecido.
4. Expressar com sinceridade o que gostamos na outra pessoa, seja sobre seu comportamento, aparência física, habilidade, etc.
5. Complementar a mensagem verbal com a não verbal, como um leve sorriso, uma postura relaxada e um tom de voz amável.

Os principais passos para *receber corretamente um elogio* são:
1. Olhar para o rosto da pessoa que está fazendo o elogio.
2. Ouvir o que nos dizem.
3. Não ignorar nem negar o elogio, e tampouco vangloriar-se do que é dito.
4. Agradecer o elogio ("Obrigado!"). Também podemos usar expressões como: "Fico feliz que você tenha gostado", "Que bom ouvir você dizer isso!", e assim por diante.
5. Complementar o que dizemos com um sorriso.
6. Não se sentir obrigado a responder com outro elogio.

4. Como expressar e receber sentimentos

Os principais passos para *expressar um sentimento* de forma adequada são:

1. Reconhecer e aceitar o que estamos sentindo como natural (alegria, tristeza, raiva, etc.).
2. Procurar o motivo que pode estar causando a emoção.
3. Verbalmente podemos expressar o sentimento em primeira pessoa, explicando o motivo daquele sentimento. Por exemplo, poderíamos expressar um sentimento completando uma destas frases:

    "Eu me sinto/senti... (nomeie o sentimento) quando/porque/por... (motivo que causa o sentimento).
    "Quando... (motivo que causa o sentimento), me sinto/senti... (nomeie o sentimento...)".
    "Me faz feliz/me entristece/me assusta... (use verbos emocionais) quando/o que... (motivo que causa o sentimento)."

4. Nosso rosto deve refletir o sentimento que estamos expressando. Você não pode expressar um sentimento negativo sorrindo e vice-versa, porque isso dificultaria a compreensão por parte da outra pessoa.

Os principais passos para *receber um sentimento* de forma adequada são:

1. Escutar atentamente o que a pessoa está dizendo.
2. Observar o que seu rosto expressa (p. ex., raiva, tristeza, alegria, etc.).
3. Se suspeitarmos que há algo de errado com o outro, mas ele não nos diz nada, perguntar o que está acontecendo.
4. Tentar nos colocarmos no lugar do outro, entender como ele se sente. Se conseguirmos nos colocar em sua situação e tentarmos ver como nos sentiríamos naquela mesma situação, isso favorecerá o processo de compreensão emocional.
5. Buscar ser sensível aos sentimentos que a outra pessoa nos expressa, sejam eles negativos ou positivos:

    Quando os sentimentos expressos pelos demais são *negativos*, devemos dizer ao outro ou deixá-lo saber que compreendemos o que está sentindo, com expressões como: "Entendo que você está se sentindo mal!", "É normal estar com raiva!", ou "Eu me sentiria triste nessa situação também!".
    A melhor maneira de agir quando uma pessoa expressa um sentimento de desconforto é tentar ajudá-la. Se isso não for possível, encorajá-la fará com que ela se sinta apoiada e compreendida.
    Quando as coisas vão bem e a pessoa expressa sentimentos *positivos*, nos alegramos e desfrutamos com ela. Podem ser úteis expressões como: "Estou tão feliz por você!", "Aproveite!", ou "É bom vê-lo tão feliz!".

6. Nosso rosto deve refletir o sentimento que eles estão nos expressando. Se estão expressando um sentimento negativo, não podemos rir, e vice-versa, porque isso faria com que a outra pessoa se sentisse mal.
7. Se em algum momento não entendermos as palavras ou não soubermos responder ao que as pessoas nos dizem, podemos recorrer a comportamentos como beijar, abraçar, sorrir, ouvir, pegar na mão, etc.

5. Lista ampliada de sentimentos

Assustado	Nervoso	Bravo	Surpreso	Angustiado	Abatido	Alegre
Triste	Culpado	Grato	Tranquilo	Desanimado	Satisfeito	Preocupado
Feliz	Arrependido	Entediado	Contente	Cansado	Chateado	Decepcionado

6. Como iniciar, manter e encerrar conversas

Como iniciar uma conversa

1. Escolher um momento conveniente para começar a conversar, como em um parque, no recreio, na rua ou em uma festa de aniversário.
2. Aproximar-se da pessoa, sorrir e cumprimentá-la: "Oi, tudo bem?", "Bom dia".
3. Iniciar a conversa apresentando-se caso a pessoa não seja conhecida ou perguntando seu nome: "Meu nome é..., e o seu?".
4. Fazer uma pergunta, dar uma opinião ou fazer um comentário sobre um tema comum, algo que está acontecendo naquele momento, ou que estamos vendo. Por exemplo: "Você viu o filme que começou a passar ontem no cinema?"; "Já experimentou o bolo? Está muito gostoso"; "Seus tênis são muito legais; são novos?".

Como manter uma conversa

1. Continuar o tópico da conversa que foi iniciada com comentários, perguntas ou opiniões ("eu gosto", "eu acho que", "eu acho que sim", "eu não gosto", "eu não concordo"). Ao fazer perguntas, de preferência usar *perguntas abertas*.
2. Prestar atenção no que a outra pessoa diz e responder se ela fizer uma pergunta.
3. Revezar-se na conversa, ora falando, ora escutando.

Como encerrar uma conversa

1. Desculpar-se e informar à pessoa ou às pessoas que vamos encerrar a conversa. Se julgarmos apropriado, explicamos os motivos pelos quais estamos indo embora: "Sinto muito, mas tenho que ir"; "Desculpe, tenho que ir. Minha mãe está me esperando para irmos ao supermercado".
2. Caso tenhamos gostado da conversa e da companhia, deixar que a pessoa saiba disso: "Adorei falar com você"; "Fiquei feliz em vê-lo".
3. Se queremos ver essa pessoa novamente, perguntar: "O que você acha de nos encontrarmos outro dia?".
4. Despedir-se com expressões como "Tchau", "Até outro dia", "Até amanhã".

7. Como fazer e recusar pedidos

Como fazer um pedido

1. Pedir coisas honestas, que saibamos que estão bem e que os outros possam fazer por nós.
2. Escolher o momento conveniente para fazer o pedido.
3. Aproximar-se da pessoa e olhá-la no rosto, dizendo o que precisamos sem rodeios ou desculpas. Podemos começar pedindo "por favor", para acompanhar frases como: "Eu gostaria que...", "Você me faria a gentileza de...", "Você poderia me ajudar...", "Você se importaria...". Em seguida, expressamos o que queremos pedir.
4. Agradecer à pessoa, independentemente de sua resposta. Se ela responder afirmativamente, podemos dizer: "Obrigado por aceitar!". Se ela disser "não", lembramos que a pessoa tem o direito de recusar. Não demonstramos ressentimento nem ficamos com raiva e, se necessário, procuramos alguém que possa atender ao nosso pedido. Podemos dizer algo como: "Bem, sem problemas! Obrigado de qualquer maneira".

Como recusar um pedido

1. Pensar se o pedido que nos estão fazendo é honesto ou desonesto.
2. Se o pedido for *honesto*, olhar para o rosto da pessoa e recusar de forma clara, direta e amigável, sem inventar desculpas e dando as razões pelas quais recusamos. Por exemplo: "Não, sinto muito. Tenho outros planos; "Eu adoraria, mas não posso"; "Sinto muito, mas não tenho interesse". Se não pudermos fazer o que estão nos pedindo naquele momento ou da maneira como estão nos pedindo, mas gostaríamos de retribuir esse pedido, deixar que o saibam mostrando alternativas: "Não, sinto muito. Talvez em outro momento".
3. Se o pedido for *desonesto*, olhar para o rosto da pessoa, demonstrar seriedade e recusar categoricamente, sem dar desculpas ou justificativas, ou seja, simplesmente expressar um "não". As razões para nossa recusa só precisam ser dadas se necessário. Podemos usar expressões como: "Não, me desculpe"; "Não vou fazer o que você está pedindo".

4. Se insistirem ou nos pressionarem a realizar o pedido, resistir repetindo novamente a recusa com frases como: "Já lhe disse que não vou fazer"; "Não, não. Eu não quero fazer isso"; "Sinto muito. Já lhe disse que não". Tudo isso sem nos irritarmos e nos mantendo firmes em nossa posição.
5. Às vezes, pode acontecer que, ao nos recusarmos a realizar o pedido, a outra pessoa se sinta irritada ou revoltada com nossa decisão. Se essa situação ocorrer, entender e respeitar esse desconforto, sem nos irritarmos. Podemos expressar nossa compreensão de seus sentimentos com frases empáticas como: "Eu entendo que você esteja incomodado" ou "É normal que você se sinta chateado".

8. História: Sofia e seu "não"

Sofia era uma menina feliz, que gostava de animais e passava o dia brincando com o irmão e amigos da vizinhança. No entanto, ir à escola sempre lhe causava nervosismo, desconforto e muita insegurança, não somente por não ser muito boa em matemática, mas, principalmente, porque desde o ensino fundamental, Virgínia, uma de suas colegas, tinha se transformado na "mandona" do grupo. Virgínia era uma menina bonita que sempre quis ser a que mais se destacava em sala de aula, mostrando-se extrovertida com todos os seus colegas e professores. Seus comportamentos em relação aos outros variavam dependendo do quanto gostava deles. Assim, por exemplo, mostrava-se gentil e sorridente com Felipe porque gostava dele, mas com Lucas, que era repetente, tinha atitudes cruéis e ofensivas. Era ela quem tomava todas as decisões: o que jogar, o que falar, quem odiar ou quem defender.

Os primeiros anos com Virgínia foram mais suportáveis; bastava dar a ela parte do seu sanduíche, rir de suas piadas e agradá-la com alguns comentários positivos sobre suas roupas ou aparência física. Sofia foi uma das que mais conseguiu agradá-la, adotando um comportamento agradável e submisso em relação a Virgínia, que a recompensava sendo sua amiga favorita. No entanto, Virgínia desprezava Maria sem qualquer motivo razoável, agindo mal em relação a ela, de modo que qualquer coisa que acontecesse, Maria era a mais prejudicada, sempre.

Maria era uma menina magra, de aparência frágil e um tanto tímida. Com o passar dos anos, Sofia e Maria se tornaram grandes amigas, a ponto de se encontrarem algumas tardes e compartilharem longas conversas por telefone ou WhatsApp. Um dia, Virgínia descobriu essa amizade e ficou furiosa, pedindo que Sofia deixasse de ser amiga de Maria se não quisesse prejudicar a relação com ela. Sofia, por medo de se tornar o centro do desprezo e da humilhação de Virgínia, acabou cedendo à sua chantagem. A raiva de Virgínia contra Maria cresceu e, às vezes, ela pedia a Sofia que usasse expressões depreciativas e humilhantes como "palito de dente", "esquelética" ou "anoréxica" para se referir a Maria. Entre o grupo de colegas também estavam Júlio, Yuri, Marina, João Pedro, Helena e Fernanda. Virgínia pediu para todo o grupo deixar Maria isolada, fazendo circular boatos sobre ela e, agora, eles também não gostavam dela.

Maria começou a se fechar cada vez mais; ao chegar em casa, entrava no quarto e chorava em segredo, não queria sair e não conseguia dormir à noite. Às vezes, a barriga doía tanto que ela nem conseguia comer. Os pais, preocupados com o comportamento estranho, perguntaram-lhe se havia algo de errado; ela respondeu que não, que apenas estava preocupada com as provas. Certa vez, uma professora a viu sozinha durante o recreio no parquinho e perguntou se ela precisava de ajuda, ao que Maria, temendo o que poderiam pensar dela, disse que não.

Meses se passaram e a situação continuou. No entanto, Sofia e Maria recuperaram a amizade, mas em segredo. Diante de Virgínia, Sofia fazia o papel de inimiga de Maria, mas à tarde elas conversavam e até se viam e se divertiam juntas. Ambas fantasiavam sobre como enfrentar Virgínia, mas ficava apenas nisso, desejos. Maria às vezes pedia à amiga que ficasse com ela no recreio, mas Sofia não conseguia. Maria compreendia o medo que Sofia tinha de Virgínia, e por isso nunca a censurou por nada.

A maturidade e a passagem do tempo fizeram com que Júlio, Marina e Helena parassem de participar dos caprichos agressivos da colega Virgínia, chegando a se distanciar dela. Consideravam excessivo o comportamento da colega com Maria, aquela menina frágil que vagava sozinha pelo pátio e sonhava que um dia seria capaz de enfrentar sua opressora. Em algum momento eles diziam a ela: "Você está indo longe demais", "Vou parar de fazer o que você está me pedindo, Virgínia", mas Virgínia, longe de ouvir e parar com suas maldades, continuou com seus comportamentos e, agora, contava com três colegas a menos.

Yuri, Fernanda e João Pedro habituaram-se a seguir as ordens da colega tirânica e, assim, para atender aos seus constantes pedidos, chegaram a fazer piadas pesadas com Maria, escrever bilhetes ofensivos, puxar-lhe a cadeira para que ela caísse, esconder-lhe coisas e insultá-la. Sofia, sofrendo cada vez mais por participar desse desequilíbrio de forças entre Maria e os demais, começou a ficar zangada, sentindo-se frustrada e com raiva de si mesma por não conseguir defender a amiga querida, e apesar de continuar sendo a favorita de Virgínia, ela a odiava por ter comportamentos tão agressivos.

Certo dia, quando o ano letivo estava chegando ao fim, Sofia sussurrou para Maria: "Espere por mim hoje no recreio". O sinal tocou e todos saíram para o pátio como de costume, mas havia algo estranho. Virgínia estava com Yuri, Fernanda e João Pedro, mas ninguém sabia onde estava a amiga Sofia. Surpresos com sua ausência, foram procurá-la. Virgínia congelou quando viu Sofia e Maria juntas, em frente à quadra de futebol, assistindo ao jogo de seus colegas. Virgínia foi até elas e repreendeu Sofia: "O que você está fazendo? Venha com a gente!". Sofia simplesmente respondeu: "Não! Estou com minha amiga!". E não precisou dizer mais nada.

Perguntas sobre a história:

1. De acordo com os estilos de comportamento passivo, agressivo e assertivo, onde você encaixaria cada um dos protagonistas da história? Que tipos de comportamentos passivos, agressivos e assertivos aparecem na história?
2. Na história, há algumas situações em que aparece a habilidade de fazer e recusar pedidos; você poderia identificá-las? Que tipos de pedidos são honestos ou desonestos?
3. Ao longo da história, há inúmeras situações em que pedidos honestos poderiam ter sido feitos e pedidos desonestos poderiam ter sido recusados para melhorar a situação de Maria. Você poderia identificá-las? Como você realizaria esses pedidos honestos? Como você recusaria pedidos tão desonestos?

9. Como expressar críticas e como lidar com elas

Como expressar uma crítica

1. Determine se vale a pena fazer a crítica. Expressamos aquelas críticas importantes e que visam resolver um problema.
2. Escolha o momento certo para ambas as partes, de preferência a sós. Se um ou outro estiver com muita raiva, adie por tempo suficiente até recuperar o controle emocional.
3. Aproxime-se da pessoa e mantenha contato visual, com o rosto sério, mas relaxado. Use um tom de voz firme, mas evite gritar, desqualificar, ameaçar ou insultar.
4. Em situações cotidianas em que a outra parte não está agindo com más intenções, podemos expressar críticas usando a seguinte fórmula: mensagem positiva + sentimento negativo + pedido de mudança.
5. Em situações em que a outra parte tem uma intenção prejudicial, você pode omitir a mensagem positiva da fórmula no item anterior e expressar apenas o sentimento negativo ou o pedido de mudança.

Como lidar com uma crítica

1. Escutar o que a outra pessoa tem a dizer sem interromper.
2. Manter a calma para não se arrepender de reações impulsivas.
3. Determinar se é uma crítica bem-intencionada, mal-intencionada ou duvidosa/mal-expressa.
4. Se a crítica é *bem-intencionada*, ou seja, reconhecemos que a crítica não tem a intenção de nos prejudicar ou mesmo nos ridicularizar, mas sim de resolver um problema, então é hora de parar e avaliá-la objetivamente e tentar não ficar na defensiva. Interpretamos a crítica como uma opinião da pessoa que a emite e que nos sugere fazer as coisas de uma forma diferente para melhorar. Se concordarmos com o que nos dizem, o honesto e assertivo seria aceitar as críticas. Podemos usar expressões como "Você tem razão"; "Perdoe-me. Eu não sabia que isso o incomodava"; "Não voltarei a fazê-lo". Se não concordamos com as críticas ou achamos que estão erradas, devemos dizê-lo, sem agressividade, usando expressões como "Não concordo com o que você está dizendo"; "Entendo sua raiva, mas eu não estava lá"; "Sinto muito, mas você está errado".

5. Se a crítica é *mal-intencionada*, achamos que o comentário não tem nada a ver conosco, que é expresso com o único objetivo de ferir e magoar. Para que a pessoa que nos ataca não pense que está ganhando, devemos mostrar a ela que não está nos machucando com sua ofensa. Como diz o ditado: "Para palavras tolas, ouvidos surdos". Nesse caso, nossa resposta pode ser a indiferença. Dessa forma, conseguimos não dar protagonismo a quem não merece. Quando recebemos essas críticas, é útil falar com um tom de voz neutro (nem gritar nem responder com um tom baixo que mal se ouve) e exibir um comportamento seguro, tranquilo e indiferente, de modo que o outro veja que não nos importamos. Por exemplo, se alguém nos diz que somos péssimos no handebol, respondemos "Se você acha" ou "Eu não posso ser bom em tudo"; quando alguém nos diz que parecemos um robô com o aparelho nos dentes, podemos dizer "E você com isso?" ou "Eu não me importo de parecer um robô". Se nosso colega diz que estamos parecendo loucos por causa do novo corte de cabelo, podemos responder algo como "Você está certo, eu pareço um pouco louco" ou "Eu amei meu novo corte de cabelo".
6. Se a crítica for *duvidosa* ou *mal-expressa*, podemos pedir-lhe que mude a forma como expressa o que diz. Por exemplo, "Eu realmente não entendi por que você está chateado" ou "Você deveria se explicar um pouco melhor porque não consegui entendê-lo". Também podemos pedir que a pessoa nos dê mais informações sobre essa crítica, para que possamos identificá-la como crítica bem-intencionada ou mal-intencionada e responder de acordo. Quando confrontados com críticas muito vagas, tais como: "Você é uma pessoa ruim", podemos perguntar: "A que você se refere quando diz que sou uma pessoa ruim?". Se ela justifica a crítica, seria uma crítica bem-intencionada, como "Pedi sua ajuda com o dever de matemática e você não me deu bola". Se não justificar, seria uma crítica mal-intencionada, do tipo: "Eu não gosto do jeito que você é e pronto!" e nós responderíamos de acordo.
7. Se considerarmos que a pessoa está visivelmente alterada e nós também, podemos propor adiar a resposta à sua crítica para outro momento: "Acho que ambos estamos muito zangados. Seria melhor conversarmos depois".

10. Aprendendo a lidar com críticas

Individualmente, identifique o tipo de crítica em cada situação e anote como responder a cada uma delas.

Situação 1. Expressar uma crítica
Nosso colega devolve a borracha manchada toda vez que a emprestamos para ele.
_____
_____
_____

Situação 2. Expressar uma crítica
Odiamos quando a esquisita da Beatriz passa por nós.
_____
_____
_____

Situação 3. Lidar com uma crítica
Uma dupla de meninas da escola nos diz rindo: "Você é um anão!".
_____
_____
_____

Situação 4. Lidar com uma crítica
Um colega de outra turma nos diz: "Você fede! Saia daqui".
_____
_____
_____

Situação 5. Expressar uma crítica
Nosso amigo Gael trata muito mal a Bárbara, que é colega de turma.
_____
_____
_____

Situação 6. Lidar com uma crítica
Luan nos acusou de perder sua caneta marca-texto. Não fomos nós que a perdemos.

_____
_____
_____

Situação 7. Lidar com uma crítica
Marina, nossa colega, nos diz: "Você é uma má pessoa".

_____
_____
_____

Situação 8. Expressar uma crítica
Um vizinho, que treina basquete no mesmo horário que o nosso, levou nossos fones de ouvido, de acordo com alguns colegas.

_____
_____
_____

Situação 9. Expressar uma crítica
Não gostamos do tom de voz do nosso colega porque é estridente.

_____
_____
_____

Situação 10. Lidar com uma crítica
Bruno e seu amigo Mathias riem de nós dizendo: "Dumbo! Que orelhas grandes você tem!".

_____
_____
_____

11. Como resolver problemas interpessoais

Há uma série de etapas ou habilidades que são muito úteis para resolver um conflito com outras pessoas:
1. Identifique o problema. Para desenvolver essa habilidade, é necessário reconhecer quando temos um problema, o que o causou e as consequências que ele teve ou está tendo. Devemos também aprender a reconhecer se tivemos um comportamento agressivo ou passivo, bem como identificar as emoções que ele gerou em nós e descobrir os sentimentos e intenções da pessoa ou pessoas envolvidas no problema.
2. Busque soluções. Essa habilidade trata de ensinar como propor possíveis soluções para um problema. O objetivo dessa fase é gerar o máximo de alternativas que pudermos para resolver o problema, sem julgá-las ou valorizá-las, numa espécie de tempestade de ideias. Em princípio, qualquer uma delas poderia ser válida.
3. Preveja as consequências. Essa habilidade procura avaliar as consequências positivas e negativas de cada uma das alternativas geradas na etapa anterior. Nesta fase, refletimos sobre as possíveis consequências que poderiam advir da escolha de cada uma das alternativas.
4. Escolha uma solução. Uma vez geradas as possíveis opções para a solução de um problema e avaliadas as possíveis consequências de cada uma delas, devemos escolher aquela que acreditamos que melhor resolve o problema, levando em consideração suas possíveis consequências.
5. Implemente a solução. É hora de colocar a opção selecionada em ação. Seria necessário levar em conta quando é o melhor momento para colocá-la em prática e lembrar de usar linguagem assertiva na comunicação (destacar as coisas positivas sobre a pessoa; expressar sentimentos em primeira pessoa, como, por exemplo, "eu sinto..."; fazer pedidos honestos; expressar críticas bem-intencionadas; ouvir o outro e o que ele tem a dizer; aceitar críticas).
6. Avalie os resultados. Uma vez colocada em prática a opção escolhida, avaliamos se atingimos os objetivos que esperávamos, ou seja, se resolvemos ou não o problema.

12. Aprendendo a resolver problemas

Situação-problema:
_____
_____
_____

1. Identifique o problema.
_____
_____
_____

2. Busque soluções.
_____
_____
_____

3. Preveja as consequências.
_____
_____
_____

4. Escolha uma solução.
_____
_____
_____

5. Implemente a solução.
_____
_____
_____

Anexos 189

13. Tabuleiro

Em https://paginas.grupoa.com.br/galaxia-haso/tabuleiro.html, você terá acesso ao tabuleiro digital. Ou use este código QR:

14. Diplomas dos participantes

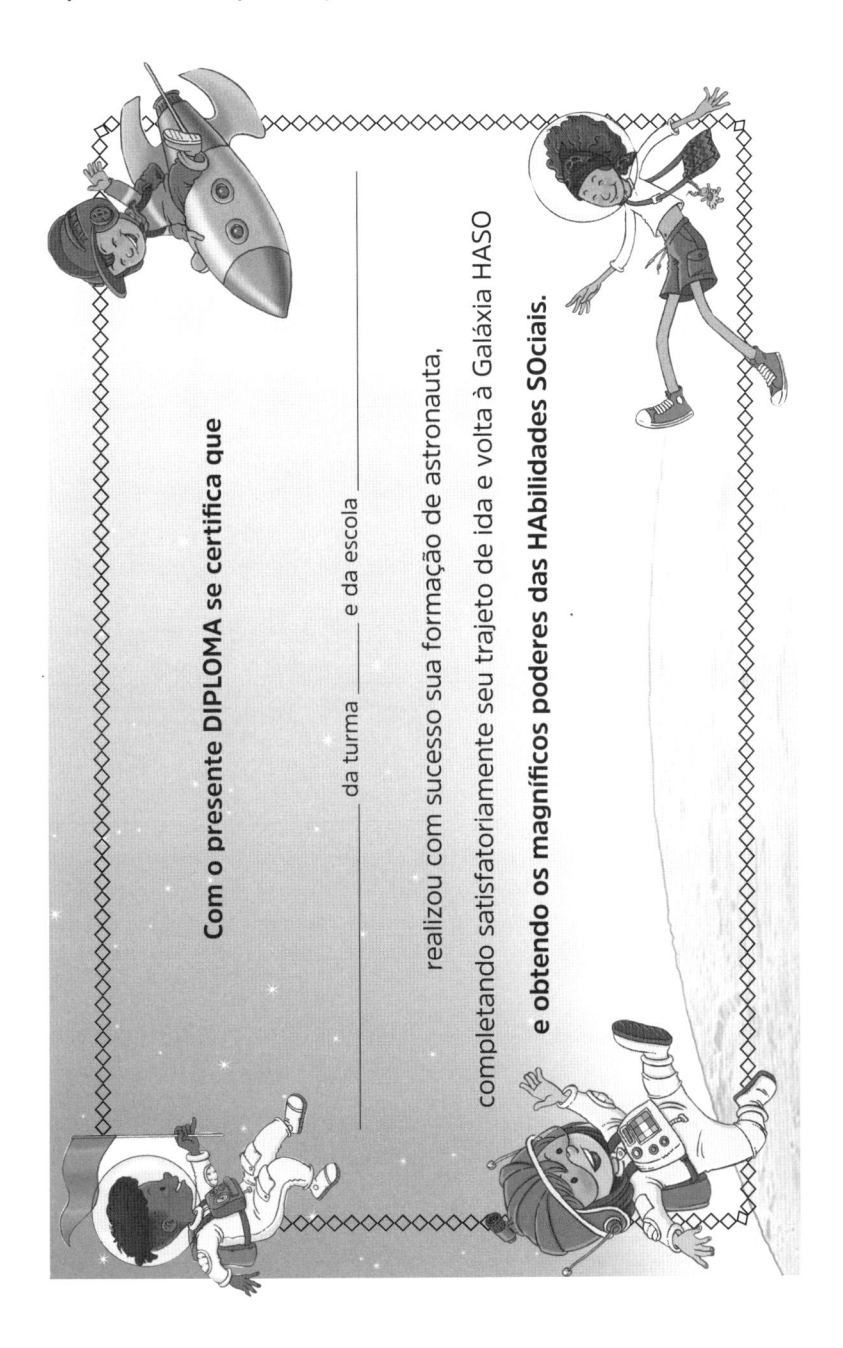

Com o presente DIPLOMA se certifica que

_____ da turma _____ e da escola _____

realizou com sucesso sua formação de astronauta, completando satisfatoriamente seu trajeto de ida e volta à Galáxia HASO **e obtendo os magníficos poderes das HAbilidades SOciais.**

15. Registro de participação

| Turma: _____ Escola: _____ |
| Nome da equipe: _____ |

Nomes dos alunos/alunas	Participação Marcar com um X cada vez que o aluno ou aluna jogar o dado
_____	❏ ❏ ❏ ❏ ❏ ❏ ❏ ❏ ❏ ❏ ❏ ❏ ❏
_____	❏ ❏ ❏ ❏ ❏ ❏ ❏ ❏ ❏ ❏ ❏ ❏ ❏
_____	❏ ❏ ❏ ❏ ❏ ❏ ❏ ❏ ❏ ❏ ❏ ❏ ❏
_____	❏ ❏ ❏ ❏ ❏ ❏ ❏ ❏ ❏ ❏ ❏ ❏ ❏
_____	❏ ❏ ❏ ❏ ❏ ❏ ❏ ❏ ❏ ❏ ❏ ❏ ❏
_____	❏ ❏ ❏ ❏ ❏ ❏ ❏ ❏ ❏ ❏ ❏ ❏ ❏

Estrelas conquistadas
Circular as estrelas conquistadas e riscar quando alguma estrela for perdida

Verdes	☆ ☆ ☆ ☆ ☆ ☆ ☆ ☆ ☆ ☆ ☆ ☆ ☆
Amarelas	☆ ☆ ☆ ☆ ☆ ☆ ☆ ☆ ☆ ☆ ☆ ☆ ☆
Vermelhas	☆ ☆ ☆ ☆ ☆ ☆ ☆ ☆ ☆ ☆ ☆ ☆ ☆
Roxas	☆ ☆ ☆ ☆ ☆ ☆ ☆ ☆ ☆ ☆ ☆ ☆ ☆
Azuis	☆ ☆ ☆ ☆ ☆ ☆ ☆ ☆ ☆ ☆ ☆ ☆ ☆

Anexos **195**

16. Dado de 8 lados

Dado para recortar e colorir com as cores dos testes.

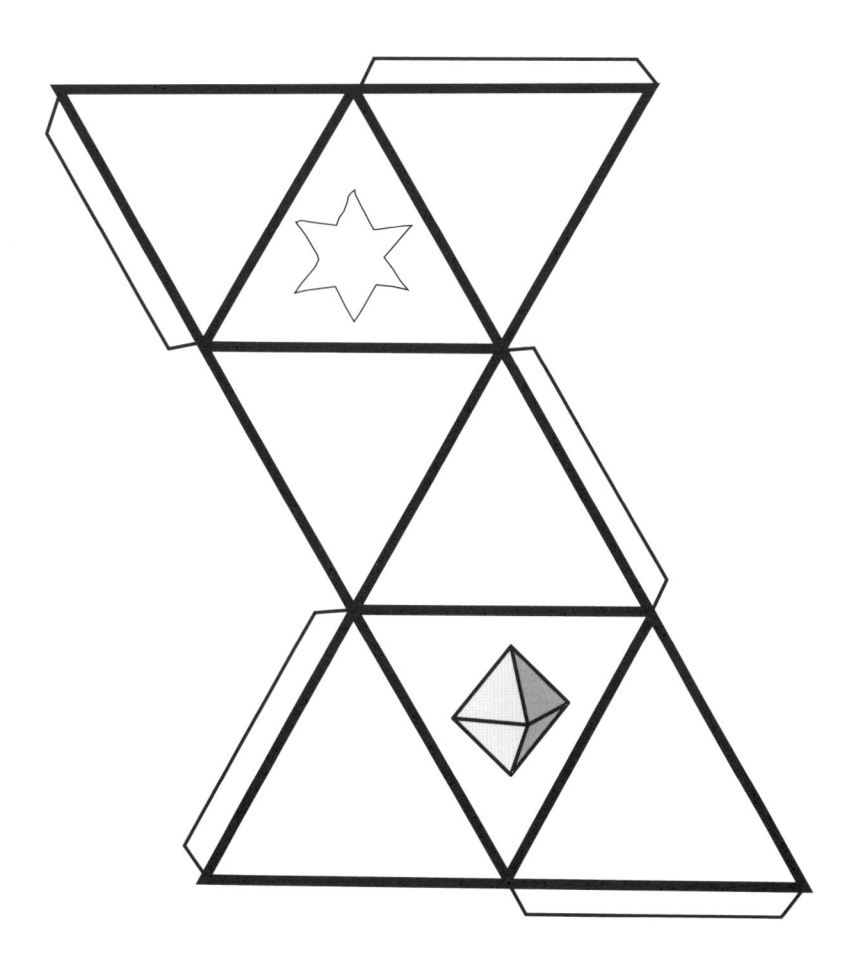

Anotações